英語で読む
スティーブ ジョブズ

Steve Jobs

トム・クリスティアン=著
山久瀬洋二=キーワード解説
神崎正哉、カール・ロズボルド=TOEIC®英語対策

装幀＝斉藤　啓

世界の英知が身に付き
英語力がアップする

IBC対訳ライブラリー

英語で読む
スティーブ
ジョブズ

トム・クリスティアン=著
山久瀬洋二=キーワード解説
神崎正哉、カール・ロズボルド=TOEIC®英語対策

Steve Jobs

はじめに

　スティーブ・ジョブズは、今世の中から消えつつある、絶滅危惧種の起業家です。奔放、豪腕、時には傲慢。そして執拗なまでに自らの夢に執着し、あたかも子供のように言い出したら聞かず、常に大きな相手や権威にチャレンジし、果敢な闘争本能を持ち続けた人物です。それは、ますます均一化され、リスクをとることが愚かと言われだした現在にあって、希有な存在であるといえましょう。

　日本にも昔は本田宗一郎、松下幸之助といった、自らのヴィジョンにこだわり続けた人物が、世界企業を創造してきました。スティーブ・ジョブズはそんな起業家としての感性をもって、人々のライフスタイルを変えるまでに至った人物として、その早すぎる死を世界の人が惜しみました。

　本書は、彼の伝記を通して、シリコンバレーで繰り広げられるイノベーションがどのようなものか、そしてそれを支えるアメリカの企業文化についても解説してゆきます。

　彼の複雑な、そして波瀾万丈な一生を、一気に読み切ることのできる簡便な英語で紹介し、英語を少し学んだ人なら誰でも楽しみながら、ジョブズの人となりを追体験できるよう構成しました。そんな英文で綴られた伝記を、日本語と比べ、さらに解説を通して彼の生きてきた社会背景を理解しながら、読んでいただければ幸いです。

　スティーブ・ジョブズを通して彼の生きてきた時代、そしてアメリカの変遷を是非追いかけてみてください。

2012年 深緑の那須にて
山久瀬洋二

本書の構成

本書は、

　　□読みはじめる前に
　　□英日対訳による本文
　　□欄外の語注
　　□各章ごとのTOEIC頻出英語表現
　　□コラム
　　□MP3形式の英文音声

で構成されています。本書は、「スティーブ・ジョブズ」についてのストーリーを、英語／日本語で読み進めながら、同時にTOEIC®対策、ビジネスで使える英語表現の習得にも役立てていただこうとするものです。

　各ページの下部には、英語を読み進める上で助けとなるよう単語・熟語の意味が掲載されています。また左右ページは、段落のはじまりが対応していますので、日本語を読んで英語を確認するという読み方もスムーズにできるようになっています。また各章末にはTOEIC®対策で数多くの著書を執筆されている神崎正哉先生による英語解説がありますので、ストーリーを楽しんだ後に、英語の使い方などをチェックしていただくのに最適です。

　添付のCD-ROMには、MP3形式の音声が収録されています。お好きな携帯プレーヤーに、お好きな箇所をダウンロードして繰り返し聞いていただくことで、発音のチェックだけでなく、英語で物語を理解する力が自然に身に付きます。

目次

読みはじめる前に 6

Foreword
まえがき 20

Part 1 California dreaming
カリフォルニアの夢 25

TOEIC®・ビジネスで役立つ表現 **1** ...46
コラム ヒューレット・パッカード ...50

Part 2 An entrepreneur is born
企業家の誕生 51

TOEIC®・ビジネスで役立つ表現 **2** ...78
コラム スティーブ・ジョブズとジョン・スカリー ...81

Part 3 Time out
タイム・アウト 83

TOEIC®・ビジネスで役立つ表現 **3** ...106
コラム サンフランシスコとロサンゼルス ...108

Part 4 The return of the king
キングの復冠 109

TOEIC®・ビジネスで役立つ表現 **4** ...164

読みはじめる前に

p.26, 3行目
Graduate student
大学院生のこと。それに対して4年制の大学生のことをundergraduateといいます。

p.26, 7行目
Muslim
アメリカは移民の国だけあって、中東からも相当数の人々が移住してきています。とはいえ、イスラム教徒、すなわちMuslimはアメリカではマイノリティ。50年代のアメリカではまだまだキリスト教以外の宗教への偏見は根強かったのです。ちなみに、50年代後半には黒人の公民権を求める運動が活発になります。それと共に、彼らが自らのルーツを求め、Muslimに改宗する動きもありました。最近ではMuslimの背景を持つ人がアメリカで永住権を取得するケースが増えていて、2005年には9万6000人ものMuslimがアメリカの永住権を取得したと報道されています。

p.26, 10行目
Adopt
養子に迎えることを意味する単語です。アメリカでは世界中の恵まれない子供を養子にする人が増えています。都会では、両親と肌の色の異なる子供が一緒に町を歩いている光景などによく出会います。そうした意味からみても、スティーブ・ジョブズのようなケースはよくあることなのです。

p.26, 10行目
College
大学と訳します。よくcollegeがより職業訓練的な大学で、universityがいわゆる大学であるという人がいますが、実際はこうした違いは余りなく、collegeもuniversityも大学と訳して差し支えありません。ちなみに、日本での短大にあたる、より実業について学ぶ大学のことを英語ではcommunity collegeといいます。

p.28, 16行目
Joseph Eichler
住宅のディベロッパーです。彼の会社 Eichler Homesは、1950年代から70年代にかけて、有名な建築家に依頼し、住宅地の環境から住

宅そのものまでをデザインし宅地開発を行いました。北カリフォルニア、特にサンフランシスコ周辺には、彼の手によって開発された住宅地が多く、いわゆるアメリカの黄金時代に、中産階級が建築家のデザインによる瀟洒(しょうしゃ)な住宅に生活できるという、ある種のライフスタイルを象徴したのが、彼の開発した住宅だったのです。

p.34, 2行目

Shy

スティーブ・ウォズニアックの性格のことをshyと表現しています。shyといえば、「恥ずかしがりや」などと訳す人が多くいますが、「おとなしく引っ込み思案」という表現が適しています。それに対して、ジョブズは「社交的」outgoingで「自信家」self confidentであると、その対照的な性格を表現しています。

p.34, 13行目

Garage

スティーブ・ウォズニアックは若い頃友人の家のガレージでコンピュータの製作をはじめたとあります。車社会のアメリカにあって、ガレージは正に彼らのライフスタイルの一部で、そこに自動車や家の修理に使用する工具や、使い古した家電製品や家具などがおかれた家庭用倉庫の役割も果たしています。そしてガレージは、そこで部品を組み立てて機械を製作したり、新しいビジネスを開発するときの仮のオフィスにしたり、新たなアイデアを育む場としても使用されたのです。いわゆる「ガレージビジネス」garage businessという概念です。このgarage businessが成功し、大きなビジネスへと発展することが、アメリカンドリームというわけです。すなわち、アメリカ人にとってgarageとはそんな夢を育む大切な場所といえるのです。

p.36, 5行目

Blue Box

国際電話を無料でかけることのできるBlue Boxの製作はもちろん非合法(illegal)です。しかし、これをgarage businessで成功させた背景には、既存の価値や世の中を牛耳る大企業へ反発するヒッピーとしてのジョブズたちの気概があったのです。ローマ法王庁へキッシンジャーを名乗って偽の電話をかけたところなど、今では考えられない大胆ないたずらといえましょう。ヘンリー・キッシンジャーは、ニクソン、フォード両大統領の高官として、大統領補佐官や国務大臣を努めた人物です。彼はドイツに生まれ、両親と共にナチスの台頭を嫌ってアメリカに亡命したユダヤ系の政治家ですが、ニクソンやフォードといった、ヒッピーたちからみるならば、真逆の考え方を持つ体制派の

指導者の高官であったことになります。キッシンジャーの名前を使い、かつ世界の保守的な権威の象徴であったローマ法王庁にいたずら電話をした行為から、ジョブズたちがいかにヒッピームーブメントの渦中にあったかがよく理解できます。

p.38, 10行目

Hippie

ジョブズの少年時代には、既存の価値観に対して疑問を持った若者がアメリカの伝統的なキリスト教社会から離脱しようと活動していました。こうした若者の運動は、黒人差別に対抗する公民権運動、ベトナム戦争への反戦活動などと一体化し、平和と自然への回帰を目指す、いわゆる「ヒッピームーブメント」となって世界中に広がっていったのです。キリスト教へのアンチテーゼとして、仏教などへ傾斜する人も多く、多くの若者がインド文化の影響を受けました。また、今では社会悪として厳しく取り締まられているマリファナやLSDといったドラッグからインスピレーションを得ようとする若者も多くいました。ジョブズは10代前半からこの影響を強く受けたのです。

ビートルズにはじまり、多くのロック、そしてジャズ・ミュージシャンがこうした風潮のなかで若者の心を捉えます。将来、ジョブズが音楽のダウンロードにこだわり、iTunesなどを開発した遠因はここにあるといっても過言ではないでしょう。

hippieは、時代の先端をいくかっこ良さを表すhipという言葉から派生したものです。この運動は特にサンフランシスコを中心とした北カリフォルニアが震源地でもあり、正にジョブズはその渦の中で成長したことになります。

p.42, 3行目

Enlightenment

「悟り」を意味する言葉です。インドに行って悟りを開くことは、ジョブズに限らず、多くのヒッピーのあこがれでした。インドのゴア、ネパールのカトマンズ、そしてアフガニスタンのカブールが、彼らが集まるアジアの拠点だったのです。

p.44, 1行目

Homebrew Computer Club

brewとはビールを醸造することを意味します。すなわち、homebrewは「自家醸造」ということになります。先に説明したgarage businessにも通じ、同時に体制に反発してこっそりと密造酒をつくるといった雰囲気とが混ざった表現となります。この集まりはあくまでも趣味の集まりですが、どことなく企業家の意識を象徴する名付けかたをした

クラブといえましょう。

p.52, 2行目 | **Volkswagen Bus**
フォルクスワーゲンのミニバスは、当時にヒッピーたちが移動するときによく使用していた、彼らの活動を象徴する車です。ジョブズがそれを売って、新しくアップルを立ち上げるということは、正に彼が人生の次の段階に入ってゆくことを象徴するエピソードといえそうです。

p.52, 9行目 | **Risk**
どのようなビジネスにもリスクはつきものです。ビジネスの世界で最もよく話題になるのが、このリスクという言葉でしょう。リスクに対して、企業家はchallengeしなければなりません。ある意味ではリスクを取らない限り、成功はあり得ないわけです。特に新大陸で一旗あげるという移民の気概を引き継ぐアメリカでは、このriskとchallengeの2つのコンセプトこそが、ビジネスへの挑み方を最も端的に物語る用語としてよく使用されるのです。

p.54, 16行目 | **Investor**
半島部分にあたるサンフランシスコの南部一帯は、シリコンバレーと呼ばれていますが、ここは当時から新しいアイデアへの挑戦に対して、投資をしてビジネスを成長させるための投資家investorが多くいました。起業をしてビジネスチャンスを追求する上で、こうした投資は欠くことのできないもので、この地域は正にアイデアと投資の両輪で成長してきたのです。また、成功した起業家は自らもinvestorとなって将来性のある企業に資本金を入れたり、それを買収したりします。一時世界的な風潮となった、M&A、すなわち企業買収などといった行為が昔から最も頻繁に行われていたのが、起業家が集中するこの地域だったのです。ジョブズの伝記を読んでゆけば、そうした投資と買収の連続の中で、彼のビジネスが成長していったことがよくわかります。

p.56, 9行目 | **New Industry**
この言葉は、ジョブズの経営哲学と直結すると共に、20世紀終盤から現代にかけて常に語られるビジネス用語でもあります。
別の表現をすれば、creating new marketともいい、既存のルートやビジネス構造ではなく、全く新しい市場や顧客を創造してゆくという

のが、この用語の意味するところです。コンピュータの進化によって、小売流通ビジネス、メディア・ビジネスなど新しいビジネス形態が創造され、市場は大きく変化しました。ジョブズは会社への投資をあおぐにあたって、こうした未来を見つめていたことになります。

p.58, 2行目

Empathy

相手の身になって、それと共感してゆくという意味の言葉です。類似語としてsympathy「同情する」という言葉がありますが、ビジネスにおいて、顧客のニーズや感性に敏感であり、かつそれと共鳴してゆくという発想からアップルはempathyという言葉をビジネスのモットーの一つにあげたのです。

p.58, 4行目

Focus

ビジネスでよくpriority「プライオリティ」をおくといいますが、何に対して経営資源を集中するかは、企業経営で最も大切な決裁といえましょう。よくSelection and Concentration「選択と集中」という言葉が使われますが、ここでのfocusは正にそのことを意味しているのです。

p.58, 6行目

Impute

これは「〜に帰属する」とか「〜が原因になる」という意味の言葉です。ここでは、人の購買行動が製品の見栄えに帰属するという意味でこの単語を用いています。

p.58, 12行目

Simplicity

これは「簡素・単純」という意味ですが、ジョブズは常にこの言葉を好み、製品のデザインにもこの考え方を導入します。Simplicity is ultimate sophisticationというわけです。得てして欧米の装飾芸術は華麗な色や模様で構成されます。60年代以降、アジアの文化が見直されてゆく中で、例えば禅寺にある石庭など、いわゆるミニマリズムを追求した美が注目を集めるようになってゆきます。それが、コンピュータという新しい時代のプロダクトデザインにも少なからぬ影響を与えたというわけです。

p.62, 2行目

Interface

これは二つのものが出会い接続してゆくことを意味する言葉です。ここではグラフィックイメージとコンピュータとの融合を意味し、この融合によって、その後のマッキントッシュの開発を通じて、アップル

のコンピュータがクリエイターなどから圧倒的な支持を得るようになるのです。

p.66, 1行目

German design

ジョブズはドイツの、特にDieter Ramsの商業デザインに傾倒していました。ドイツは第一次世界大戦以降、建築の分野などを中心に、商業的な機能主義を取り入れた芸術活動が盛んで、その後数多くのデザイナーを生み出したバウハウスという美術学校がその中心となっていました。バウハウスは、1933年にヒトラーによって閉校に追い込まれるまで、世界の美術界に新風を吹き込みました。ちなみに、バウハウスは、ドイツでのナチズムによる迫害の後、アメリカでニューバウハウスとしてよみがえった経緯もあります。ジョブズの愛したドイツの商業デザインは、このバウハウスの伝統に原点を持つ、単純で合理的、そして機能的な美を追求する流れの延長にあったのです。

p.66, 2行目

Dieter Rams

ドイツのインダストリアル・デザイナー。ブラウン社の製品を数多く発表し、そのシンプルなデザインは世界の産業芸術に大きな影響を与えました。ラムスは、「よりシンプルに、あえてデザインをしないで」という方針で、実用性と美しさを融合させました。ジョブズが後年送り出す製品にも同じ遺伝子が組み込まれていったのです。

p.66, 13行目

IBM

IBMは、ニューヨーク州で1911年に設立され、第二次世界大戦では、火器、データ処理関連で軍需産業の一翼を担ったアメリカを代表する企業です。アップルが常に消費者に目線をおいて、製品を開発してきた経緯とは対照的に、IBMは政府のニーズによって、戦争中は原子爆弾を開発したマンハッタン計画にも参画するなど、常に国家との繋がりによって成長した企業です。ヒッピー出身のジョブズが、そんなIBMに強いライバル心を抱くことは容易に想像できるというものです。Old large and traditional companyに対してCool little Appleが反撃をしかけるという図式は、そんなジョブズのビジョンを象徴するキャンペーンであったといえましょう（p.14の"Think Different"もご参照ください）。

p.70, 2行目

East Coast style

アメリカは大きく分ければ東海岸、南部、中西部、西海岸といった地

区があり、それぞれに異なったビジネス文化を持っています。ジーンズにTシャツで象徴される、カジュアルで自由な西海岸とは対照的に、ヨーロッパの影響が強く歴史も古い東海岸は、背広とネクタイといったフォーマルを好むビジネス文化が定着しています。その背景は、歴史が古いことから、巨大メディア、金融資本といった保守的な産業界が東海岸を席巻していたことにもよるのでしょう。それに対して、西海岸はジョブズに代表されるように、アイデアとそれに投資する人々によって成り立つ、機能性を大切にするカジュアルなビジネス文化が根付きました。特に、西海岸はアジアにも向いていることから、伝統的なキリスト教社会とはひと味違う雰囲気があり、それがこうしたカジュアルなビジネス文化と融合し、東海岸とは異なる環境が育まれたのでしょう。

p.72, 8行目

Totalitarian

「全体主義の」という意味です。映画『Blade Runner』は1982年に公開され、近未来の都市での人造人間との闘いを描き、その卓越した映像で話題になった作品です。アップルがIBMという世界の市場を牛耳る全体主義的な怪物に対決してゆくイメージを描くにあたって、監督としてBlade Runnerで未来都市を陰鬱なイメージで描写したリドリー・スコットに広告を依頼したわけです。新製品を明るい背景と音楽で描く通常の手法とは全く異なった、正に現在のアニメ世代までも意識したのではないかと思われる、先見性ある戦略であったといえましょう。

ところで、IBMの創業者であるトーマス・ワトソンは、クリエイティブな営業方針でIBMを育てたことで知られています。そうした手腕をもって成長したIBMが一時ドイツでヒトラーのユダヤ人の識別などに利用され、トーマス・ワトソン自身が、ヒトラーから勲章をもらったこともありました。本人は、ドイツがアメリカに敵対するにあたって、その勲章を返し、戦争中はアメリカ政府に全面的に協力したのですが、ジョブズのこのキャンペーンは、IBMのそうした過去を皮肉ったものではという見方もあるようです。

p.74, 1行目

Arrogant

「尊大で横柄」。ジョブズは、よくこの言葉で形容されます。確かに彼の強い個性は多くの人を敵にまわし、時には傷つけます。彼がマッキントッシュを発表するときに採用した、IBMを敵にまわしたキャンペーンも正にarrogantでした。ある意味では、ジョブズはarrogant

であったからこそ、アップルをここまで大きく育てることができたわけですが、1985年の段階では、その性格が故に、アップルが迎えた新社長スカリーとの訣別からアップル離脱という結果を招いたともいえるのです。

p.84, 3行目

NeXT

アップルから去ったジョブズが立ち上げたNeXTは、その業績自体は芳しくなかったといわれています。しかし、そこで立ち上げた様々なシステムは、教育分野でのコンピュータ・シミュレーションなどの進化に大きな役割を演じたのです。日本のキヤノンも数回にわたり、NeXTに出資し、技術提携を行うと同時に、日本でのNeXTの販売も手がけました。そして、そこで開発された技術こそが、ジョブズがアップルに復帰したあと、アップルを牽引するコアテクノロジーへと進化していったのです。

p.84, 14行目

Ross Perot

ジョブズのNeXTに出資したロス・ペローは、テキサス州の富豪。IBMを退職した後、ITサービスを行うEDSを起業した人物として知られています。そして、ジョブズに投資をした6年後に、共和党にも民主党にも属さない第3の候補として立候補し、二大政党の膠着したアメリカの政治に一石を投じました。

p.88, 3行目

Mona

ジョブズと妹のモナの友情は、たびたびメディアでも取り上げられています。モナはジョブズの実の母親によって育てられ、母の元を去っていった父親を常に偶像視していたことを、ジョブズへの追悼文で語っています。彼女はその中で、「私は長いこと私を愛してくれる男性は父親であると思っていました。25歳のとき、その男性と巡り会い、それが私の兄であることを知ったのです」と語っています。

ところで、モナはジョブズの実の父親（彼女の父親でもある）と出会っていました。コーヒーショップのオーナーをしていた父親アブドゥルファター・ジャンダリは、彼女に自分が昔大きなレストランをシリコンバレーに所有していたときに会いたかったと、話したそうです。本書でも取り上げられているジョブズがよく訪れてきていたというレストランがそれにあたります。

p.90, 2行目

George Lucas

『Star Wars』や『Indiana Jones』などの映画作品を製作したことで知られる、ジョージ・ルーカスは、サンフランシスコの北部、マリーン・カウンティに、ハリウッドと一線を画し、自作を製作してゆくためにルーカス・フィルムという製作会社をもって活動しています。マリーン・カウンティとシリコンバレーとは、サンフランシスコを挟んで北と南、対象の位置にあります。コンピュータと映像とが融合してゆく環境が、サンフランシスコの周辺には整っていました。ジョブズは、Pixarをジョージ・ルーカスから買収し、大資本のディズニーとの事業を進めてゆきます。

p.102, 11行目

Microsoft

マイクロソフトは、WindowsというOSによって他のPCメーカーと協力することで、結果としてマックを市場から排除していきました。そんなマイクロソフトが、自社の主力のソフトをマック用に開発し、さらにマイクロソフトのシェアを拡大しようとして、ジョブズと提携したわけです。競争、競合している会社が、ある部分においては協力関係を築き、互いにそれをプラスに働かせようという動きは、近年ますます盛んになってきています。こうした競合と協調の双方によってビジネス関係を深めてゆく発想を、英語では"coopetition"という造語で表現します。これは、「競争」competitionと「協力」cooperationから合成された斬新なビジネス用語なのです。

p.112, 7行目

Packaging

Packageという言葉が「小包」を意味するように、ビジネス全体、プロダクト全体を包括して、コーディネートすることをpackagingと呼びます。

アップルの場合、外観と中身がうまくコーディネートされ、そこから醸し出されるイメージをマーケティング戦略に活用したわけで、正に全体を鳥瞰したパッケージングを行ったことになります。

p.112, 15行目

Think Different

この広告キャンペーンの背景にあったのは、IBMのスローガンとして知られているThinkをターゲットにしたのだともいわれています。アップルの製品はIBMが生み出し、世界のコンピュータの標準となっているシステムからの脱却を消費者に問いかけるのだというキャンペーンなのです。実際、90年代にはIBMのThinkPadを中心とし

たパソコンが主流となり、アップルのマッキントッシュは、デザイナーなどの一部のクリエイティブな仕事に携わる人向けのパソコンであると思われていました。この厳しい状況を打開しようと、ジョブズはIBMをターゲットにした絶妙なスローガンを考え出したのです。

p.118, 9行目

iMac

21世紀になり、アップルの主力商品には、"i"の文字が使われるようになりました。"i"は、知性を示すintelligenceやアイデアideaの"i"であり、大文字で表記すれば「私」を意味するIともなります。このように、"i"という文字が人間にとって知性をイメージする、親しみ易い文字であることから、"i"を使用した製品が、"Think Different"というアップルのキャッチコピーと見事に符合することになります。

p.120, 6行目

Tim Cook

Timというのはニックネームで、正式にはTimothy Cookという名前です。彼は2011年8月にスティーブ・ジョブズの後任として現在のアップルの最高経営責任者CEOに就任したことは、本書にも記されています。彼はアップルのライバルであるIBMに12年間勤務し、その後パソコンの大手メーカーであったコンパックを経てアップルにやってきました。

彼はその後アップルの立て直しとその後の伸長に多大な貢献をします。いわゆるハードワーカーで、毎朝4時頃からメールを打ちはじめ、日曜日の夜に関係者と電話でその週の主要な課題について打ち合わせをしているといわれています。

どこの業界でもそうですが、優秀な人材を他社から引き抜くことは特にアメリカではよくあること。ライバルのIBMやコンパックといった、アップルとは全く異なる企業風土からやってきた彼が今後どのようにアップルを率いていくのか注目されます。

ちなみに、彼がアップルにやってくる前に勤務していたコンパックは、コンピュータの価格破壊で日本では知られた会社ですが、ここはその後様々な物議をかもしたあとにヒューレット・パッカードに買収されたことも、業界では有名な話です。

p.122, 7行目

Ron Johnson

アップルストアの設立に大きく貢献したロン・ジョンソンは、現在全米で1000店舗を展開し、ウォルマートなどと並ぶ大型百貨店チェーンであるJ.C. Penney（ジェイシーペニー）のCEOに就任しています。

この百貨店は1902年にカンザス州で産声をあげ、テキサス州プレーノに本拠を置く、極めて伝統的な百貨店です。最近ではネットビジネスにも積極的に進出し、若年層を捉える様々な戦略も時折紙面をにぎわしています。ある意味では、大手小売りチェーンのTargetが当時所有していたMervynsという小売りチェーンからアップルに引き抜かれたロン・ジョンソンは、古巣の業界に戻っていったというわけです。

ニューヨークやロンドン、そして東京でその斬新なデザインとサービスで集客したアップルストアの立役者がここでどのような経営をしてゆくのか、興味のあるところですが、なんといってもアメリカ産業界の激しい人の動きには驚かされます。

p.126, 小見出し

Digital hub strategy

この戦略は現在のApp Storeなどのコンセプトに直接繋がるアップルに主要な戦略となっています。hubとはもともと車輪の中心にある「こしき」を意味する言葉です。そのことから、例えば航空会社が飛行機を運行するネットワークの拠点となる空港など、ビジネスネットワークの中心を意味する言葉となりました。最近このhubの発想で他社の参入を阻害するケースが独占禁止法に抵触しないかという議論もよくなされますが、アップルも音楽、電子書籍、そして様々なアプリをこのDigital hub strategyの中で統合していく過程で、様々な競争や法律上のチェックにさらされていることもまた事実なのです。

p.128, 小見出し

iPod

この画期的な商品が登場してきたときに、思い出されるのが、ソニーのウォークマンです。再生専用の小型プレーヤーでカセットテープからの音楽を楽しめるようになったのが、70年代終盤のことでした。正にその時にパソコンも普及しはじめます。アナログがデジタルになってゆく未来への対応の重要性をいかに取り込み、世界をリードしてゆくか、全盛期のソニーと現在のアップルとを対比することで、今後のデジタル業界の行方を占うのも、大切なアプローチであるといえましょう。

p.136, 14行目

Alternative therapy

いわゆる通常の医学とは異なる方法による治療を意味します。ヒッピームーブメントを皮切りに、西欧医学や化学療法だけに頼らず、東洋の指圧や鍼、さらには菜食などによる治療へ人々の関心が集まりまし

た。さらに80年代になると、よくNew age「ニューエイジ」と呼ばれる、ヨガやmeditation、すなわち瞑想や座禅など、様々な試みで人間のinner power「内なる力」によって病気を治癒しようという考え方が、西海岸を中心にブームとなっていったのです。ジョブズはそうしたalternative therapyに強い関心をもっていました。ただ、ジョブズの癌は早期に手術をすることが望まれていました。その後の体力の回復には確かにalternative therapyは有効かもしれません。一度確信したら信念を貫くというジョブズの性格がここでは裏目にでたわけです。この治療の遅れが彼の健康に致命的な影響を与えてしまったのでした。

p.138, 4行目

Chemotherapy

いわゆる化学療法のことです。抗癌剤治療を指す言葉となります。ジョブズも抗癌剤治療の影響もあって、食欲が激減し、みるみる痩せ細ってゆきます。こうした中で、彼が死について語ったのが、本書で紹介する有名なスタンフォード大学の卒業式でのスピーチです。

p.146, 10行目

Corning Glass

iPhoneを開発するにあたって、ジョブズはこの新しい製品に適した強いガラスの製作をコーニング・ガラスに依頼します。コーニング・ガラスはニューヨーク州北部のコーニングに本社のある1852年創業のガラスを製造する会社です。実は、コーニングはアメリカの産業の発達とは深い縁のある会社で、例えばエジソンが白熱電球を発明したときは、その熱に耐えて周囲を明るくできるガラスを開発し、現在の球状の電球が生まれました。そのことが、耐熱ガラスの製造技術に発展し、工業の様々な分野で使用されるガラスの開発に繋がったのです。ちなみに、アメリカ大陸横断鉄道が開通し鉄道網が整備されたとき、その信号のためのガラスを供給したのもコーニングです。この伝統がパソコンなどの液晶ディスプレイの製造にも応用され、コーニングはコンピュータ業界と深い繋がりをもつようになってゆくのです。

p.148, 13行目

Change the whole industry

この「産業全てを変えてゆく」という言葉は、今でもベンチャー企業などでのスローガンとして使用されています。iPhoneは正に携帯電話とコンピュータとを融合したという意味で、業界を変革するものでした。例えば、アマゾンでの書籍販売、電子ブックやiTunesでの音楽のダウンロードなどは、正に業界そのものを変化させるものでした。

ジョブズが提案した様々な新製品は、そうした意味で業界のみならず人々のライフスタイルそのものまで変化させたことになります。

p.158, 6行目

Big Brother

アップルは21世紀になって大企業に成長しました。80年代から90年代にかけて、常にライバルであったIBMに対して、その巨大さにチャレンジする斬新なベンチャーとして自らを位置づけていたアップルですが、2011年現在、アップルの売り上げはIBMを凌ぎ、会社の総資産もIBMに追いつこうとしているのです。もはやアップルは誰の目からみても、世界にネットワークを広げた巨大企業なのです。しかも面白いことに、従業員数をみれば、アップルが6万4000人であるのに対して、IBMは多彩な分野に進出しているために43万3000人。そのために売上から製造にかかる原価、会社を運営する様々な経費を差し引いた営業利益では、アップルはIBMのほぼ2倍の数字を計上しています。ジョブズが常に指導した選択と集中によって、いかにアップルでは効率的な会社運営ができたかがうかがわれるのです。

THE STEVE JOBS STORY
スティーブ・ジョブズ・ストーリー

Foreword

Not a normal businessman

Steve Jobs, one of the two founders of the computer company Apple, died from cancer on October 5, 2011. He was only fifty-six years old.

In the days after his death, people gathered at Apple Stores around the world to remember him. They placed messages and flowers and candles outside the shops. More than a million people e-mailed messages to a website Apple set up in his memory. Millions of people talked about him on Facebook and Twitter.

The president of the United States and the prime minister of Great Britain commented on Jobs's death. The media said that the last time the public were so sad was the death of Michael Jackson in 2009 or the death of Princess Diana in a car crash in 1997.

■ founder 名創立者、設立者 ■ cancer 名癌 ■ candle 名ろうそく ■ set up 配置する ■ prime minister 首相

まえがき

並はずれたビジネスマン

　コンピュータ企業、アップルの二人の創業者の一人、スティーブ・ジョブズが、2011年10月5日に癌で他界した。まだ56歳という若さであった。

　彼の死後、世界中のアップルストアには、その死を悼む人が集い、店の外に弔意のメッセージに添えて献花をし、蝋燭(ろうそく)を立てた。アップルが彼を追悼して特別に掲載したウェブサイトには、100万人以上の人が電子メールでメッセージを寄せた。フェイスブックやツィッターを通して、彼のことを語った人は、数百万人に及んでいる。

　アメリカ合衆国の大統領、そしてイギリスの総理大臣が、ジョブズの死にコメントを寄せた。メディアは、以前人々がこれほどまでに悼んだのは、2009年のマイケル・ジャクソン、そして1997年に事故死したダイアナ妃以来であったと報じたのである。

But Steve Jobs wasn't a pop star or a princess. He was a businessman; but he was certainly no ordinary businessman.

Jobs pioneered the personal computer revolution in the 1970s. Although he was a millionaire at the age of twenty-five, he had to leave his own company in 1985, when he was thirty. In 1997, twelve years later, Apple was in trouble. Jobs went back and built Apple into one of the most valuable companies in the world. Stylish products like the iPod, iPhone, and iPad are now part of the everyday life of millions of people everywhere.

Why did people admire Steve Jobs so much? Perhaps it was because of his passion. He didn't care about money. He just wanted to make great products. "Being the richest man in the cemetery doesn't matter," he once said. "Doing something wonderful . . . that's what matters to me."

This is his story.

■ pioneer 動 先駆者となる　■ in trouble 面倒な状況で　■ valuable 形 価値のある
■ admire 動 賞賛する　■ passion 名 情熱　■ cemetery 名 墓地　■ matter 名 問題

しかし、スティーブ・ジョブズはポップスターでもプリンセスでもない。彼はビジネスマン。もちろん、どこにでもいるビジネスマンではなかったが。

　ジョブズは、1970年代にパソコン革命の先駆けとなった。25歳でミリオネアになり、1985年、30歳で自らの会社を去らなければならなかった。その12年後の1997年、アップルが経営不振に陥ったとき、ジョブズは復帰し、アップルを世界でも最も高価で、貴重な会社の一つに育て上げたのだ。今やあのおしゃれなiPodやiPhone、そしてiPadは、世界中津々浦々の数えきれない人々の日常生活の一部になっている。

　なぜ、人々はスティーブ・ジョブズにそこまで魅了されるのか。おそらく彼の情熱に魅せられているからだろう。彼はお金には頓着しなかった。彼はただ素晴らしい製品をつくりたかった。「世界一の金持ちとして墓に入っても、意味はない」そう彼は言ったことがある。「なにか素晴らしいことをする。それが私にとっては重要なのだ」と。

　ここに彼の物語を語ってゆく。

Part 1 | California dreaming
カリフォルニアの夢

Adoption and early life

Steve Jobs was born on February 24, 1955. His father was Abdulfattah Jandali, a Syrian teaching assistant at the University of Wisconsin. His mother was Joanne Schieble, a graduate student at the same university.

During a visit to Jandali's home in Syria in the summer of 1954, Joanne had gotten pregnant. Her father did not want her to marry a Muslim, so the young couple had to put their baby boy up for adoption.

Joanne believed that education was important. For that reason, she wanted her baby to be adopted by college graduates. But it didn't happen that way. The graduate couple who were scheduled to adopt her baby wanted a girl. They were not interested in a boy.

So, in their place, Paul and Clara Jobs of San Francisco, California adopted Joanne's baby boy. Neither Paul nor Clara had been to college. Paul worked as a "repo man" (getting back cars from people who could not repay their car loans), and Clara was a bookkeeper. Still, they promised they would save up money to send Steve to college.

■ adoption 名 養子縁組　■ graduate student 大学院生　■ get pregnant 妊娠する
■ Muslim 名 イスラム教徒　■ put up for ～に出す　■ adopt 動 養子にする
■ repo man（支払い滞納が生じた商品の）回収屋　■ bookkeeper 名 簿記係
■ save up money 貯金する

養子縁組とその幼年時代

スティーブ・ジョブズは1955年2月24日に生まれた。

父親はアブドゥルファター・ジャンダリ。ウィスコンシン大学で助手を務めるシリア人だった。母はジョアン・シーブル。彼女もウィスコンシン大学の大学院生だった。

1954年の夏にジャンダリの故郷であるシリアを訪ねたとき、ジョアンは妊娠していた。しかし、彼女の父親がイスラム教徒との結婚に反対したために、この若いカップルは、生まれたばかりの男の子を養子に出さなければならなかった。

ジョアンは、教育の大切さを理解していたので、赤ちゃんを大学を出た人に引き取ってもらいたいと思っていた。しかし、その望みはかなわない。引き取る予定になっていた大卒のカップルは、女の子を望んでいて、男の子には興味がなかったのだ。

そこで、カリフォルニア州のサンフランシスコに住むポールとクララ・ジョブズが、ジョアンの生んだ男の子を引き取ることになった。ポールもクララも大学には行っていない。ポールは、ローンを払えなくなった車の持ち主からその車を引き取る「レポマン」という仕事をしていた。そしてクララの仕事は帳簿をつけることだった。それでも二人は、お金を貯め、スティーブを大学に行かせると約束したのだった。

Paul and Clara had been married for nine years but had not been able to have a baby. They were very happy with their new baby and called him Steven Paul Jobs. They later adopted another child, a girl called Patty.

Lessons in craftsmanship

Paul Jobs had not gone to university, but he loved machines, especially cars. In fact, he saved up the money to send Steve to college by buying broken-down cars and repairing them. He gave Steve some space on his workbench in the garage so they could work on things together.

Paul taught young Steve the importance of making things properly. A real craftsman was careful about every part of the things he made, Paul said. That included the parts no one saw, like the back of a fence or a cupboard. That's why Steve later cared so much about the design inside Apple products.

Steve also learned about good design from the house where his family lived. An architect called Joseph Eichler had built it. Eichler wanted to make well-designed homes for ordinary Americans. Living in the Eichler house inspired Steve to create simple, nicely designed products for ordinary people when he was at Apple.

■ craftsmanship 图職人の技 ■ broken-down 形壊れている、故障している
■ workbench 图作業台 ■ properly 副適切に、きっちりと ■ craftsman 图職人、熟練工 ■ cupboard 图食器棚、戸棚 ■ inspire 動着想を与える、動機付ける

ポールとクララは結婚して9年だったが、子供はいなかった。二人はこの赤ちゃんを喜んで迎え、スティーブン・ポール・ジョブズと名付けたのだった。彼らは後年、パティという女の子も養子に迎えている。

職人としての訓練

　ポール・ジョブズは、大学には行っていなかったが、機械——特に車——が好きだった。実際に彼は壊れた車を買って修理しながら貯めたお金でスティーブを大学に行かせている。彼は、ガレージの仕事台をスティーブと分けあって、一緒に働いた。

　こうしてポールは、若きスティーブに物をきちんとつくることの大切さを教えたのだ。真の職人というのは、自分のつくる物の部品一つ一つを注意深く取り扱うものだと、ポールは言った。フェンスや食器棚の裏側のように、誰の目にも触れないところでさえも。このことが、後年、アップル製品の内部の設計にまでスティーブがこだわったことに繋がってゆく。

　同様にスティーブは、家族と住んでいた家からも良い設計とはどういうものかを学んだ。その家は、ジョセフ・アイクラーという建築家が建てたもので、彼は、広くアメリカの庶民に向けて、こだわりの設計で家を提供していた。アイクラーの建てた家に住んだことで、後にアップルでのスティーブは、一般の人にシンプルかつ洗練されたデザインの製品を提供しようと思い立ったのだ。

Engineering hotspot

The Jobs family lived in the San Francisco Bay Area. Lots of companies that produced things for the military, such as Lockheed and Westinghouse, were based there. There were also new technology companies like Hewlett-Packard and, from the 1960s, semiconductor firms like Fairchild and Intel. As a result, many of the fathers in the Jobs family's neighborhood were engineers. Jobs grew up admiring people who knew about science and technology.

At elementary school, Steve was bored, and so he behaved badly. Then in fourth grade, he got a good teacher called Imogene Hill. She saw Steve was special and arranged for him to skip a grade.

When Steve was thirteen, he decided that he did not want to be a Christian. If God knew everything, why wasn't He helping the people who were dying from hunger in Africa? That was when Steve started to become very interested in religions from other countries like India and Japan.

As Steve got older, he also became more and more interested in electronics. When he was fifteen, he put speakers around his family's house so he could listen to what was happening in other rooms. His father was not happy about that!

■ hotspot 名ホットスポット、(何らかの活動が)活発な地点　■ semiconductor 名半導体　■ firm 名会社　■ as a result その結果　■ be bored 退屈した　■ behave 動振る舞う　■ skip a grade 学年を飛ばす

技術のホットスポットに住んで

 ジョブズ一家は、サンフランシスコのベイエリアに住んでいた。そこには、ロッキードやウェスティングハウスなど、多くの軍事製造業が本拠地を置いていた。同時にヒューレット・パッカードのような新たな技術を売り物にする会社もあり、60年頃からは、フェアチャイルドやインテルといった半導体メーカーも進出していた。そのせいで、ジョブズ一家の近所の父親の多くは、技術者だった。ジョブズは、科学技術に詳しい人たちに憧れながら育ったのである。

 小学校の頃、スティーブは学校に退屈し、態度がいいとは言えなかった。その後、4年生になるとイモジーン・ヒルという素晴らしい教師に出会った。彼女はスティーブの中に光るものを見つけ、飛び級ができるように手配したのだ。
 スティーブが13歳のとき、彼はキリスト教徒でいることをやめようと決心する。もし、神が全てを知っているなら、なぜ、アフリカで飢えに苦しみ死んでゆく人を助けないんだ。彼はそう思ったことから、インドや日本といった他の国々の宗教に興味を持つようになった。

 大人になるにつれ、彼はどんどん電子工学にひかれていく。15歳のとき、彼は家族で住む家中にスピーカーをつけてまわり、他の部屋でおきていることを聞こうとした。父親はこれには閉口した。

Steve also joined the Hewlett-Packard Explorers Club. This was a group of students who met in the company cafeteria once a week to listen to an HP engineer talk about his work.

It was at the Explorers Club that Steve first saw a computer. He also got the idea of building a machine called a frequency counter. In the phone book, he found the phone number of Bill Hewlett, one of the founders of HP, and called him. They spoke for 20 minutes. Hewlett didn't just give Steve some components for the machine for free, he also gave him a job in the HP factory. Steve was always a good talker!

In his last year at high school, Steve started experimenting with drugs like LSD and marijuana, listening to more music, and reading books that were not connected to science or technology. Later he said that doing things like this helped him think differently from other people—and design better products than they could, too.

It was at this time that Steve Jobs met Stephen Wozniak, with whom he later founded Apple Computer.

■ frequency counter 周波数カウンター　■ component 名部品　■ for free 無料で
■ LSD 名LSD（幻覚剤の一種）　■ marijuana 名マリファナ

また、スティーブは、ヒューレット・パッカードのエクスプローラーズ・クラブに入会する。これは学生が一週間に一度、会社のカフェテリアに集まって、同社の技術者が自らの仕事について説明をするという集まりだった。
　そのエクスプローラーズ・クラブで、彼は初めてコンピュータを見た。そこで周波数カウンターという機械の製作を思いついたスティーブは、電話帳でヒューレット・パッカードの創業者の一人、ビル・ヒューレットの電話番号を探し出し、電話をした。彼らは20分も話をしたという。そしてヒューレットは、機械に使う部品を無償で提供しただけでなく、スティーブが同社の工場で働くことも認めたのである。スティーブは、このようにいつでも話上手であった。
　高校生活最後の年、スティーブは、LSDやマリファナといったドラッグに手を出すようになる。その影響を受けながら、科学技術とは縁のない音楽を聞き、本を読む。後年、彼はこうした行動が、他の人と異なる考え方をし、他の人がとてもまねできないような製品をつくるきっかけとなったと語っている。
　スティーブが、後年アップルを共同して立ち上げる、スティーブ・ウォズニアックと出会ったのもこの頃のことだった。

Stephen Wozniak

Wozniak was five years older than Jobs. Unlike Jobs, Wozniak was very shy. His father, who was a rocket scientist at Lockheed, had taught him about electronics from a very young age.

Electronics was a game for Wozniak. As a child, he had built an intercom system for the boys in his neighborhood. He regularly won prizes for devices he had built himself.

As a teenager, Wozniak became fascinated with computers. He read his father's computer magazines and tried to redesign the computers with as few parts as possible. (He didn't have enough money to actually buy the parts and build computers, so he just drew the plans.)

Wozniak dropped out of college after two years and started building a computer in a friend's garage. That friend was called Bill Fernandez. It was Fernandez who introduced Jobs and Wozniak.

The two young men were very similar—and very different. They both loved electronics, the music of Bob Dylan, and playing pranks, but Wozniak was shy and timid, while Jobs was outgoing and self-confident. It was the balance in their personalities that made them such an effective pair.

■ intercom 名インターホン ■ device 名装置 ■ fascinated 形魅了された ■ drop out of ～から中退する ■ prank 名(悪意のない)いたずら ■ timid 形気の小さい、臆病な ■ personality 名人格、個性

スティーブ・ウォズニアック

　ウォズニアックは、ジョブズより5歳年上だった。ジョブズと異なり、非常に内気な性格で、父親がロッキード社のロケット関連の科学者であったことから、幼少の頃から電子工学について父親から教わっていた。

　電子工学は、ウォズニアックにとってゲームのようなものだった。子供の頃、彼は近所の少年のために、インターホン・システムをつくったことがあった。彼は、しばしばそうした自作の製品によって賞を獲得していたのだ。

　10代のとき、ウォズニアックはコンピュータに魅せられる。彼は、父親のコンピュータ雑誌を読んでは、なるべく少ない部品を使ってコンピュータを再設計しようと試みていた（実際は、彼はコンピュータをつくる部品を買うお金がなかったので、それはあくまでも設計上のことだった）。

　ウォズニアックは大学を2年で中退し、友人宅のガレージでコンピュータづくりをはじめる。その友人というのがビル・フェルナンデス。彼こそがジョブズとウォズニアックとを引き合わせたのである。

　この二人の若者は、とても似ていると同時に、とても異なってもいた。彼らはどちらも電子工学が好きで、ボブ・ディランのファンであるとともに、悪ふざけを好んでいた。しかし、ウォズニアックは内気で臆病なところがあった。それに対してジョブズは外交的で自信家。この異なった個性が、うまく調和したことが、あのような効果的なパートナーシップを生み出したのだ。

Making the Blue Box

In September 1971, Wozniak read a story about people called "phone phreakers" in a magazine. Phone phreakers were like hackers today. The phreakers had developed a trick to use sound to control telephones and make long-distance phone calls without paying. To do this, they used a machine called a "Blue Box."

Jobs and Wozniak were very interested. They built their own Blue Box and started making free calls with it. They even called the Vatican in Rome. Wozniak put on a German accent and pretended to be Henry Kissinger, U.S. secretary of state. "Ve are at de summit meeting in Moscow, and ve need to talk to de pope," he said.

Then Jobs had an idea. Why didn't they build and sell Blue Boxes as a business? It only cost $40 to buy the parts, and they could sell the machines for $150 each. A nice profit! They built around one hundred machines and sold them to college students all over California.

Blue Box at the Computer History Museum

🍎

■ blue box ブルー・ボックス（不正に無料で長距離電話をかける装置） ■ phone phreaker フォン・フリーカー（無料で電話回線を使用する人） ■ hacker 图ハッカー ■ pretend 動ふりをする ■ U.S. secretary of state 米国務長官 ■ summit 图首脳会議 ■ pope 图ローマ教皇 ■ profit 图利益

ブルーボックスの製作

　1971年9月、ウォズニアックは雑誌で「フォーン・フリーカー」と呼ばれる人々についての記事を読んだ。フォーン・フリーカーとは、今でいえば、ハッカーのようなものだ。フォーン・フリーカーたちは、音を操作し、長距離電話をタダでかけられるようなワザを開発していた。それを可能にするために、彼らはブルーボックスと呼ばれる機械を使用していた。

　これに興味を持ったジョブズとウォズニアックは、自前のブルーボックスを作り、タダで電話をするようになった。実際にローマのバチカンにまで電話をした。ウォズニアックはドイツ語なまりで、アメリカ合衆国国務大臣ヘンリー・キッシンジャーのふりをして「モスクワでのサミットにあたって、法王と打ち合わせが必要である」などと言ったのだ。

　そのとき、ジョブズはひらめいた。なぜフォーン・フリーカーたちはブルーボックスをつくって、販売し商売にしようとしなかったのか？　部品を購入する費用はたったの40ドル。そして製品は単価150ドルで販売できる。利益のあがる仕事だ！　彼らはおおよそ100台のボックスをつくり、それをカリフォルニア中の大学生に販売したのだ。

This was the first time Jobs and Wozniak had worked together. Wozniak took care of the technical side of things, and Jobs was the "ideas man" in charge of vision, getting parts, and making sales. The two young men were breaking the law, but the experience gave them confidence in what they could do together.

07 Going to college

Steve Jobs never believed in doing the easy thing. He lived close to two top universities, Berkeley and Stanford, but told his parents he wanted to go to Reed College in Oregon. Reed was a small liberal arts school. It had high academic standards but was very expensive.

In the early 1970s, the hippie culture was very strong. Jobs and his friends at Reed were typical hippies, interested in Zen Buddhism, meditation, vegetarianism, and drugs.

One person who influenced Jobs at Reed was Robert Friedland. Friedland had set up a commune in a nearby apple orchard. Friedland had extraordinary charisma. He was able to control people by the force of his personality. This was a technique Jobs copied and used later at Apple.

Jobs quickly got bored at Reed and dropped out of regular courses. He started attending courses that interested him, even though he wasn't paying fees anymore!

■ in charge of ～を担当して　■ break the law 法律違反をする　■ liberal arts（大学の）一般教養教育　■ hippie 名 ヒッピー　■ meditation 名 瞑想　■ vegetarianism 名 菜食主義　■ extraordinary 形 異常な、並はずれた　■ get bored 飽きてしまう

これがジョブズとウォズニアックが初めて一緒にやったビジネスだった。ウォズニアックは技術面を担当し、ジョブズはアイデアマンとして、構想を練り、部品を購入し、営業を行った。二人の若者は法を破ったことには違いないが、この経験によって、彼らは一緒に何かができるという自信を持てたのだ。

大学へ

　スティーブ・ジョブズは決して安易な方向を選ばなかった。彼はアメリカではトップクラスの2つの大学——バークレーとスタンフォード——の近くに住んでいた。しかし、彼が両親に行きたいと言ったのは、オレゴン州にあるリード・カレッジだった。リード大は一般教養を教える小さな大学。そこは学業面の水準は高かったが、また費用もそれなりにかかった。

　1970年初頭は、ヒッピー文化隆盛のころ。リードでのジョブズとその友人たちはまさに典型的なヒッピーだった。禅、瞑想と菜食主義、そしてドラッグの毎日だった。

　リード在学中のジョブズに影響を与えた一人の人物がいる。その名はロバート・フリードランド。フリードランドは、リンゴの果樹園のそばに共同体をつくっていた。フリードランドは驚くほどのカリスマ性を持ち、その個性で周囲の人々を従えていた。彼の人心掌握術をジョブズはまね、後にアップルの経営に活かしてゆく。

　ジョブズは間もなくリードに飽きてしまい、通常の教科課程を取らなくなった。彼は自分の興味のある科目だけを、授業料も払わずに、受講したのだ。

One of the classes he attended was about calligraphy. There Jobs learned all about different fonts. This knowledge was very important later when Jobs created personal computers. Apple computers were the first in the world to offer users a variety of fonts, and Apple is still the favorite computer of designers today.

Jobs enjoyed this life, but it wasn't easy. He lived in a garage for $20 a month. Every Sunday, he walked to the nearby Hare Krishna temple for a free vegetarian meal. He also earned a little money by returning bottles to stores to get the deposit.

First job at Atari

In February 1974, Jobs left Reed and went home to California to look for a job. His approach was unusual. He walked into the lobby of Atari, the first-ever video game company, and said he would not leave until Atari gave him a job!

Nolan Bushnell, the founder of the company, liked Jobs's crazy attitude and offered him a job. There was one problem, however. No one else at the company wanted to work with Jobs. Jobs believed that because he ate only fruits and vegetables, he would not sweat or smell bad, even if he never took a bath. Sadly, this was not true. He never bathed—and he smelled terrible!

■ calligraphy 名カリグラフィー ■ font 名書体 ■ earn 動稼ぐ ■ deposit 名保証金 ■ first-ever 形史上初の ■ sadly 副不幸にも

彼が取ったクラスの一つが文字についての授業だった。ジョブズはそこで多様なフォントに関して様々なことを学習した。この知識は後年ジョブズがパソコンを開発するときに大変重要な役割を果たすことになる。アップルコンピュータは、様々なフォントを提供する世界でも最初のコンピュータであった。そしてアップルは今なおデザイナーたちが好んで使うマシンなのだ。

　ジョブズはこの生活を楽しんではいたが、それは決して楽なものではなかった。彼は月額20ドルでガレージ住まいをしていた。日曜日には、近くのクリシュナ教団の寺院まで歩いて行き、タダの菜食主義者向けの食事にありついた。彼はまた、空き瓶を小売店に持ってゆき、小金を得ることもしていた。

アタリでの最初の仕事

　1974年2月、ジョブズはリードを去り、仕事を探すためにカリフォルニアに戻ってきた。彼は職探しもユニークだった。彼はビデオゲームの先駆けとして知られるアタリのロビーに入って行き、なんとアタリが仕事をくれるまで、そこを動かないと言ったのだ。

　アタリの創業者ノーラン・ブッシュネルは、そんなジョブズの奇抜な態度が気に入り、仕事を与えることにした。しかし、問題がひとつあった。会社の誰ひとりとして、ジョブズと一緒に働きたがらなかったのだ。ジョブズは、自分は果物と野菜しか食べないので、たとえ風呂に全く入らなくとも、汗もかかなければひどい体臭もないものだと信じていた。残念ながら、それは事実に反していた。彼は決して風呂に入らない——したがって悪臭を放っていたのだ！

In the end, Atari asked Jobs to work at night when there were no other workers nearby. But Jobs didn't stay long at the company. He wanted to go to India to "find enlightenment." Jobs did some work for Atari in Germany and Italy, so they paid for his ticket to Europe. He then got another ticket for the rest of the way.

Jobs spent about seven months in India. A lot of the time he was sick. When he got back to California, his hair was shaved and his skin was dark. He again joined Atari.

At the time, Atari's best-selling video game was called Pong. Just like ping-pong, two people hit a ball to one another using paddles. The boss of Atari wanted to create a one-player version of the game, and he asked Jobs to design it.

Jobs contacted Wozniak and asked him to make the game. Wozniak, who was working designing calculators at Hewlett-Packard, designed it in just four days using very few chips. Jobs built the prototype.

Once again, Jobs and Wozniak had shown how well they worked together.

■ enlightenment 名 啓発、啓蒙　■ shave 動 (ひげを) そる　■ at the time 当時は
■ one another お互い　■ paddle 名 (ピンポンの) ラケット　■ contact ～に連絡する　■ calculator 名 計算機　■ prototype 名 試作品

結局、アタリはジョブズに、周りに誰も働く人がいない夜間勤務を命じた。しかし彼は会社に長くはとどまらなかった。「悟り」を開くためにインドに行きたかったのだ。ジョブズはドイツとイタリアのアタリで少し仕事をすることによって、ヨーロッパまでの旅費をまかなった。そして、そこでさらにインドまでの残りの旅費を工面した。

　ジョブズはインドに7ヵ月滞在した。彼は何度も病気になった。そしてカリフォルニアに戻ってきたときには、髪の毛は短く刈り込み、肌は黒く日焼けしていた。彼は再びアタリで働きはじめた。

　その当時、アタリで最もよく売れていたのがポンというビデオゲームだった。それは、ちょうどピンポンのように、つまみを操作して二人でボールを打ち合うものだ。アタリの上司は、このゲームの一人用のタイプを開発しようと、ジョブズにデザインを依頼した。

　ジョブズは、ウォズニアックに連絡し、ゲームの開発を要請した。その頃、ウォズニアックはヒューレット・パッカードで電子計算機の設計をしていたが、ごく少ないチップを使って、たった4日でそのデザインを仕上げてしまう。そしてジョブズは試作品を作成した。

　ジョブズとウォズニアックは再びよいチームワークを発揮したのだ。

The Homebrew Computer Club

In March 1975, a new club called the Homebrew Computer Club was set up. It was for people who built their own computers and TVs as a hobby.

Wozniak was a member of the club. One day, he read a description of a microprocessor there. This gave him the idea of creating a desktop personal computer. He started building his computer in the evenings at Hewlett-Packard.

The computer was ready to test on June 29, 1975. Wozniak typed a few keys, and letters came up on the screen for the first time in history.

Wozniak was good-natured and not very business-minded. He wanted to give the plans of his personal computer to the other members of the club for free. Jobs had a different idea. Why didn't they build the computers and sell them?

■ homebrew computer 自家製コンピュータ ■ hobby 名趣味 ■ description 名記述、説明 ■ be ready to いつでも〜できる ■ come up （情報が画面に）出る
■ good-natured 形気だてのよい

ホームブリュー・コンピュータ・クラブ

1975年3月、新たにホームブリュー・コンピュータ・クラブという、趣味でコンピュータやテレビを手作りする人々の集まりが誕生した。

このクラブの一員だったウォズニアックは、ある日、マイクロプロセッサーについての記述を目にした。このことが彼にデスクトップ・パソコンの製作を思いつかせる。彼はヒューレット・パッカードで毎晩、手作りコンピュータの製作を続けた。

1975年6月29日、コンピュータは試験段階に入った。ウォズニアックがいくつかのキーボードを叩く。すると史上初めて、スクリーンに文字が浮かび上がったのだ。

ウォズニアックは気だては良いが、ビジネス上の発想には欠けていた。彼は自らが開発したパソコンのアイデアを、クラブの他のメンバーに無償で提供しようとした。しかし、ジョブズの考えは異なっていた。我々でコンピュータをつくって、それを売ってもいいではないかと思ったのだ。

🍎 TOEIC® ・ビジネスで役立つ表現

> TOEICのカリスマ講師、神崎正哉と英会話マスター、カール・ロズボルドのコンビが本文から精選した重要語句です。語彙力が弱い人のためにやさしめの語句も含まれています。これらの語句をしっかりマスターすることがTOEICのスコアアップの原動力となります。

☐ **founder** [名] 創立者
> **ex.** one of the two founders of the computer company Apple (p.20, 1行目)

☐ **set up** [句動詞] 作る
> **ex.** a website Apple set up in his [=Steve Jobs's] memory (p.20, 6行目)

☐ **president** [名] 大統領
> **ex.** The president of the United States and the prime minsiter of Great Britain commented on Jobs's death. (p.20, 8行目)

☐ **comment on X** [句動詞] Xに言及する, Xについて意見を言う
> **ex.** The president of the United States and the prime minsiter of Great Britain commented on Jobs's death. (p.20, 8行目)

☐ **admire X** [動] Xに関心する, Xを尊敬する
> **ex.** Why did people admire Steve Jobs so much? (p.22, 10行目)

☐ **be scheduled to do** ～をする予定になっている
> **ex.** The graduate couple who were scheduled to adopt her baby wanted a girl. (p.26, 11行目)

☐ **architect** [名] 建築家
> **ex.** An architect called Joseph Eichler had built it (=the house Steve Jobs grew up in). (p.28, 16行目)

1

☐ **inspire A to do B** AにBをするよう夢を与える

> **ex.** Living in the Eichler house inspired Steve to create simple, nicely designed products. （p.28, 18行目）

☐ **semiconductor** [名] 半導体

> **ex.** semiconductor firms like Fairchild and Intel （p.30, 5行目）

☐ **He didn't just do X, he also did Y.**
彼はXをしただけでなくYまでした。

> **ex.** Hewlett didn't just give Steve some components for the machine for free, he also gave him a job in the HP factory. （p.32, 8行目）

☐ **experiment with drugs like LSD** LSDなどの麻薬を試す

> **ex.** In his last year at high school, Steve started experimenting with drugs like LSD. （p.32, 11行目）

☐ **Unlike A, B is 形容詞** Aと違ってBは〜

> **ex.** Unlike Jobs, Wozniak was very shy. （p.34, 1行目）

☐ **regularly** [副] しばしば

> **ex.** He (=Wozniak) regularly won prizes for devices he had built himself. （p.34, 5行目）

☐ **As a X ＋ 文** Xだった時・Xの身分になって

> **ex.** As a teenager, Wozniak became fascinated with computers. （p.34, 7行目）

☐ **become fascinated with X** Xに興味を寄せる

> **ex.** As a teenager, Wozniak became fascinated with computers. （p.34, 7行目）

TOEIC・ビジネスで役立つ表現 | 47

🍎 TOEIC®・ビジネスで役立つ表現

☐ **as few X as possible** 最低限のX・最小限のX

> **ex.** He (=Wozniak) tried to redesign the computers with as few parts as possible.（p.34, 8行目）

☐ **outgoing** ［形］社交的・外向的

> **ex.** They both loved electronics, the music of Bob Dylan, and playing pranks, but Wozniak was shy and timid, while Jobs was outgoing and self-confident.（p.34, 15行目）

☐ **self-confident** ［形］自分に自信がある

> **ex.** They both loved electronics, the music of Bob Dylan, and playing pranks, but Wozniak was shy and timid, while Jobs was outgoing and self-confident.（p.34, 15行目）

☐ **do X as a business** ビジネスとしてXをする

> **ex.** Jobs had an idea. Why didn't they build and sell Blue Boxes as a business?（p.36, 11行目）

☐ **around 100** 100ぐらい

> **ex.** They built around one hundred machines.（p.36, 15行目）

☐ **break the law** 法律を破る

> **ex.** The two young men were breaking the law, but the experience gave them confidence in what they could do together.（p.38, 3行目）

☐ **high academic standards** ［名］高い教育水準

> **ex.** It [=Reed College] had high academic standards but was very expensive.（p.38, 9行目）

☐ **attend a class** 授業をとる

> **ex.** One of the classes he attended was about calligraphy.（p.40, 1行目）

1

- □ **deposit** [名] お預かり金, デポジット
    - **ex.** He also earned a little money by returning bottles to stores to get the deposit. (p.40, 8行目)

- □ **version** [名] 版, バージョン
    - **ex.** The boss of Atari wanted to create a one-player version of pong, and asked Jobs to design it. (p.42, 11行目)

- □ **for the first time in history** 史上初, 史上で初めて
    - **ex.** The computer was ready to test on June 29, 1975. Wozniak typed a few keys, and letters came up on the screen for the first time in history. (p.44, 8行目)

- □ **good-natured** [形] 気さくな
    - **ex.** Wozniak was good-natured and not very business-minded. (p.44, 11行目)

- □ **business-minded** [形] 商売気のある
    - **ex.** Wozniak was good-natured and not very business-minded. (p.44, 11行目)

TOEIC・ビジネスで役立つ表現

コラム

ヒューレット・パッカード

ヒューレット・パッカードは、1939年に、シリコンバレーの真ん中の町、パロアルトに設立されたコンピュータ関連機器などを製造する会社です。

社名の通り、電気工学関係を学ぶウィリアム・ヒューレット（ビル・ヒューレットと呼ばれます）とデイビッド・パッカードとが539ドルの資本金を出し合って、デイビッド・パッカードの家の倉庫を本社とした、文字通りのガレージビジネスだったのです。そのガレージは、アメリカ人の創業精神を象徴するものとして、今では史跡に指定されているのです。

彼らは経営の上でもパートナーとして、社長や会長を務めましたが、ジョブズがビル・ヒューレットに連絡をした頃、ビル・ヒューレットは同社の社長として、コンピュータ産業の伸長と共に成長する会社の指揮をとっていたのです。ガレージビジネスから自社を成長させたビルにとって、おなじガレージビジネスを目論む若きジョブズからの唐突な電話のなかに、過去の自分を投影させたのかもしれません。

ヒューレット・パッカード社は、技術者、科学者が自分の能力をもってビジネスにチャレンジするという、アメリカのコンピュータ産業を象徴する会社として、今でも創業の地に本社をおいてグローバルに活動しているのです。

Part 2 | An entrepreneur is born
企業家の誕生

Setting up Apple

The two friends decided to start their own company. Jobs sold his Volkswagen bus, and Wozniak sold his calculator. They had $1,300. Now they needed a name for their company.

They chose "Apple" because it started with an A, because it was simple and friendly, and because Jobs liked eating fruit and vegetables.

Originally, the company had three founders: Jobs, Wozniak, and Ron Wayne, who worked at Atari. But Wayne was afraid of the risk and soon dropped out.

Apple I, Apple's first product, at the Smithonian Museum
Photo: rebelpilot

■ start with ～からはじまる

アップルの設立

 友人二人組は自分たちの会社を立ち上げようと決心した。ジョブズは、自分のフォルクスワーゲンのバスを売り、ウォズニアックは電子計算機を売った。それで彼らは1300ドルを手にして、いよいよ会社の名前を考える段に至った。
 彼らが選んだ社名は、アップルだった。それはAではじまっているし、シンプルで、親しみもある。それに、ジョブズは果物と野菜が好物だったということもある。
 元々は、会社には三人の創業者がいた。ジョブズ、ウォズニアック、そしてアタリに勤務するロン・ウェイン。しかし、ウェインはリスクを恐れ、やがて抜けてしまった。

The boss of a small local chain of specialized computer shops saw Wozniak and Jobs present their computer at the Homebrew Computer Club. He was impressed and gave Jobs his business card. The next day, Jobs walked barefoot into one of the man's stores and persuaded him to buy fifty computers for $500 each.

Apple Computer had got its first order for $25,000! Jobs and his friends and family got started building their first computer, the Apple I, in the Jobs family's garage. These first computers were very simple. They did not include a power supply, a case, a keyboard, or a monitor. That meant that only computer fans could use them.

A new partner

Jobs soon realized that the hobbyists like him and Wozniak who enjoyed building their own computers were not the biggest market. No, the really big market was ordinary people who wanted a computer that was ready to use out of the box.

Building a complete consumer product like that was going to cost money. Jobs needed to find an investor. Through his connections at Atari, Jobs was introduced to Mike Markkula.

■ present 動 ～を紹介する　■ barefoot 形 はだしの　■ persuade 動 説得する
■ hobbyist 名 愛好家　■ out of the box 買ったその日から使える　■ consumer 名 消費者　■ investor 名 出資者、投資家

地方の小さなコンピュータショップチェーンのオーナーが、ウォズニアックとジョブズが、自作のコンピュータをホームブリュー・コンピュータ・クラブで紹介しているところを目にする。彼はそれに感銘を受け、名刺を手渡した。翌日、ジョブズは裸足でその男の店に行き、コンピュータを1台500ドルで50台買ってほしいと説得した。

　アップルコンピュータの最初のオーダーは、25,000ドルだった！　ジョブズと友人、そして家族は、ジョブズ一家のガレージで、最初のコンピュータ、アップルIの制作に取りかかる。最初のコンピュータはシンプルなものだった。電源もなく、ケースもキーボードもなければ、モニターもない。それは、コンピュータ好きだけが使うことのできる代物だった。

新たなパートナー

　ジョブズはすぐに、自分やウォズニアックのように自前でコンピュータを作る人々は、最大のマーケットではないことに気がついた。そうだ、本当に大きな市場は、箱から取り出してすぐに使えるコンピュータを求めている一般消費者に違いない。

　完全に消費者仕様のコンピュータを製作するには、資金が必要だ。ジョブズは投資家を探さなければならなかった。彼はアタリでの人脈を通して、マイク・マークラを紹介してもらうことになった。

Markkula had worked at the two first semiconductor companies, Fairchild and Intel. He had made so much money from his stock in Intel that he had already retired, even though he was only in his thirties.

Markkula was impressed with Jobs. The two men wrote a business plan together. They imagined an age when every family would have its own personal computer. Markkula was very positive. "We will be a Fortune 500 company in two years," he said. "This is the start of a new industry."

Originally, Jobs and Wozniak had held 50% of the company each. After Markkula invested $250,000, he, Jobs, and Wozniak had about one-third each. Wozniak, who was still working at Hewlett-Packard, finally gave up his job to focus full-time on Apple.

A unique philosophy and image

The new company, Apple Computer Co., was created on January 3, 1977. Markkula was like a mentor to Jobs. He wrote a marketing philosophy for Apple. The important thing was not to make money, Markkula believed. What they wanted was to build a company that would last for a long time.

■ focus 動集中させる ■ philosophy 名主義、信条 ■ mentor 名師、指導者
■ last 動存続する

マークラは、フェアチャイルドやインテルといった業界トップの半導体企業に勤務後、インテルの株で財を築き、まだ30代の若さですでに引退していた。

　マークラは、ジョブズに強い関心を寄せる。そして二人で事業計画を作成した。彼らは、どの家庭でもパソコンを所有する時代が来るだろうと考えていたのだ。マークラは確信していた。「2年以内にフォーチュン500の企業になれるだろう」と彼は言った。「これは、新しい産業の幕開けなのだ」。
　当初、ジョブズとウォズニアックとで、会社の50％ずつの株を所有していた。そこにマークラが25万ドルを投資し、三人は株をほぼ均等に3つに分け合った。ウォズニアックはそのときまだヒューレット・パッカードに勤務していたが、この段階でついに退職し、アップルの事業に専念することにしたのである。

ユニークな経営哲学と企業イメージ

　新会社アップルコンピュータは、1977年1月3日に設立された。マークラは、ジョブズにとっては良き師のような存在であった。彼は、アップルのためにマーケティング哲学を書くことにした。大切なことは、お金を儲けることではない、とマークラは信じていた。自分たちが成し遂げたいのは、長く存続する会社にすることだと。

The Apple philosophy was based on three key ideas.

1. **Empathy**—Apple was going to connect with the customers' feelings.
2. **Focus**—Apple was going to concentrate only on what was important.
3. **Impute**—People judge things by their appearance. Apple packaging and products therefore needed to look good.

To help create a professional image for Apple, Jobs contacted Regis McKenna, a famous Silicon Valley publicist. McKenna created the famous logo of an apple with a bite taken out of it for them. He also made a slogan for the company: "Simplicity is the ultimate sophistication."

Jobs himself was not very sophisticated. He was aggressive, smelly, and seldom wore shoes.

Apple II with Disk II floppy disk drives

■ empathy 名共感、感情移入 ■ impute 動(価値を)帰属させる ■ appearance 名外見 ■ therefore 副したがって ■ publicist 名パブリシスト、広報(者) ■ ultimate 形究極の ■ sophistication 名洗練 ■ seldom 副めったに〜ない

アップルの経営哲学は、次の3つに基づいている。

1. **Empathy**（理解）
アップルは、顧客の感性と直結する。
2. **Focus**（集中）
アップルは、重要なことだけに集中する。
3. **Impute**（価値の帰属）
人々は外見でその商品の価値を判断する。アップル製品やそのパッケージは、見た目も優れていなければならない。

アップルが本物だというイメージを作るため、ジョブズはシリコンバレーでもよく知られた宣伝マン、レジス・マッケーナと連絡をとった。マッケーナは、あの有名なかじった跡のあるリンゴのロゴをつくった人物だ。そして、会社のスローガンもつくった。「単純であることこそ、究極の洗練である」

ジョブズ自身はというと、決して洗練された男ではなかった。彼は押しが強く、体臭がきつく、たまにしか靴をはかなかった。

In April 1977, at the West Coast Computer Faire, Apple introduced its consumer computer. The Apple II included VisiCalc (a spreadsheet software similar to Excel). It was a smash hit. Over 16 years, nearly six million units were sold.

Lisa: a daughter and a computer

In May 1978, Jobs's then-girlfriend Chrisann Brennan gave birth to a baby girl, Lisa. Jobs did not want to marry Chrisann. In fact, he did not even give her and the baby any money until the County used a DNA test to prove he was the father. After that, he had to support her.

Wozniak had created the Apple II. Now Jobs wanted to create his own computer. He assembled a team of engineers and started work on a new model. He called it…the Lisa. Many people thought it was strange that he gave the computer the same name as the daughter he was not looking after.

While Jobs was working on the Lisa, he had an experience that changed the history of personal computers. In December 1979, Xerox, the photocopier company, invested $1 million in Apple. In return for being allowed to invest, Xerox let Jobs visit the Xerox Palo Alto Research Center (Xerox PARC).

■ spreadsheet 図表計算　■ smash hit 大ヒット　■ give birth to 〜を生む
■ prove 動証明する　■ assemble 動集める　■ look after 〜の世話をする　■ in return for 〜に対する見返りとして　■ allow 動許す

1977年4月、ウエスト・コースト・コンピュータ・フェアで、アップルは一般消費者向けのコンピュータを発表した。アップルⅡはVisiCalcというエクセルのような表計算ソフトを搭載していた。これが大ヒットとなった。その後16年間で、600万台近くも売れることになったのだ。

リサ、娘とコンピュータ

　1978年5月、ジョブズの当時のガールフレンド、クリスアン・ブレナンがリサという女の子を産んだ。ジョブズは、クリスアンとの結婚を望まなかった。実際にジョブズは、郡が行ったDNAテストで彼が父親だと証明されるまで、クリスアンとその娘に一切、援助もしなかった。証明されて初めて、彼は娘に援助をすることになった。
　ウォズニアックは、アップルⅡをつくり上げた。そこで今度はジョブズも自分自身のコンピュータをつくりたくなる。彼は技術者チームを組成し、新たなモデルの制作にとりかかった。彼はそれを、なんとリサと名付けた。多くの人は、そもそも面倒を見ようともしなかった娘の名を、コンピュータの製品名にしようとするジョブズの考えが不思議でならなかった。
　ジョブズは、リサの開発に取り組んでいる間に、パソコン史を大きく変えるようなことを経験した。1979年12月、コピー機メーカーのゼロックス社が、アップルに100万ドルを投資することになった。投資を受けるにあたって、ゼロックスはジョブズに、パロアルト・リサーチ・センター（ゼロックスPARC）を訪問させた。

At Xerox PARC, Jobs saw a computer with a graphical user interface (GUI) for the first time. A graphical user interface meant that the screen of the computer showed a desktop with documents and folders. Everything was controlled with a mouse.

GUI computers were so easy that ordinary, non-technical people could understand and use them. Jobs was very excited by what he saw at Xerox PARC. He felt that this was the future of computing. He decided that Apple would make GUI computers, too.

Inside Apple, however, things were not going smoothly. The engineers on the Lisa project did not like Jobs's rudeness and aggression and the way he always wanted to change things. So many people complained that, in the end, he was removed from the Lisa project.

14 The birth of the Macintosh

In December 1980, Apple's shares were listed on the New York stock market. Although Jobs was only 25 years old, his stock was worth over $250 million. Handsome young Steve Jobs became the symbol of a new breed of Silicon Valley entrepreneur.

■ graphical user interface (GUI) グラフィカル・ユーザー・インターフェース
■ rudeness 图無礼、不作法 ■ aggression 图好戦的な性質 ■ share 图株、株式
■ list 動(証券を)上場する ■ breed 图品種、血統

ゼロックスPARCで、ジョブズは初めてグラフィカル・ユーザー・インターフェース（GUI）を見た。グラフィカル・ユーザー・インターフェースとは、コンピュータのスクリーンに、デスクトップにある書類やフォルダが映し出され、全てがマウスで操作できるというものであった。

　GUIは、テクノロジーとは無縁の一般の人でも簡単に理解し、操作することができた。ジョブズは、ゼロックスPARCで見たGUIにワクワクし興奮した。これこそが将来のコンピュータだと思ったのだ。彼は、アップルのコンピュータにもGUIを組み込もうと決心したのである。

　しかし、アップルの社内では、ことはスムーズには運ばなかった。リサ・プロジェクトに招集されていた技術者は、ジョブズの横柄で強引、かつ物事をすぐに変更したがる性向を好まなかった。多くの人が文句を言い、結局ジョブズはリサ・プロジェクトから追い出されてしまった。

マッキントッシュの誕生

　1980年12月、アップルの株はニューヨーク証券取引所に上場された。若冠25歳にして、ジョブズの持ち株は、2億5千万ドルの値をつけた。ハンサムで若きスティーブ・ジョブズは、シリコンバレーにある企業家の中で新たな寵児となったのである。

Jef Raskin, an engineer at Apple, was in charge of a project called Macintosh. His plan was to create a cheap $1,000 computer for ordinary people.

After losing the Lisa project, Jobs was looking for something to do. He pushed Raskin out and took over the Macintosh project. He increased the number of engineers on the team. Jobs didn't care if the computer was cheap or profitable. He wanted it to be "great."

First of all, he wanted it to be small. The bottom of the computer should be no bigger than a telephone book, he told his staff. Because he wanted the text display to be attractive, he got a high school friend to develop all sorts of new fonts for the computer.

Jobs also wanted the Macintosh to have an attractive case. To find a good designer, he organized a design contest. The winner was Hartmut Esslinger, a German who had designed Sony's Trinitron televisions.

Apple Lisa, with an Apple Pro File external hard drive stacked on top of it

🌱

■ push ~ out 排除する ■ take over 乗っ取る ■ profitable 形 利益になる ■ first of all まず第一に ■ text display 文字表示 ■ organize 動 組織する

アップルの技術者であるジェフ・ラスキンは、マッキントッシュと呼ばれるプロジェクトを担当することになった。このプロジェクトは、一般ユーザー向けの1000ドルという安価なコンピュータを開発することだった。

　リサ・プロジェクトを失った後、ジョブズは何をしようかと考えていた。彼はラスキンを追い出し、マッキントッシュ・プロジェクトを乗っ取ってしまった。彼は、チームの技術者の数を増やしてゆく。コンピュータが安いかとか利益を生むかは考えていなかった。彼はただ、「すごいもの」をつくりたかっただけなのだ。

　まず最初に、彼が目指したのは小型化することだった。コンピュータの底の部分は、電話帳の大きさを超えてはならないとプロジェクトのメンバーに言った。そして彼は、テキストがきれいに見えるように、高校時代の友人に頼んで、コンピュータに向きそうな様々なフォントを開発してもらった。

　ジョブズは、同時にマッキントッシュの外側のケースにもこだわった。そこで、デザインコンテストを主催し、優れたデザイナーを選ぼうとした。コンテストで優勝したのは、ソニーのトリニトロン・テレビをデザインしたハートムート・エスリンガーというドイツ人だった。

Jobs liked German design. He loved Porsche and Mercedes cars, and he was a big fan of Dieter Rams (b. 1932), the German industrial designer who designed electronic devices for Braun. Jobs, like Rams, believed that simple, easy-to-understand design was best. For the Macintosh, Jobs wanted Esslinger to create a white, "high-tech" look, the opposite of the heavy, black, "industrial" look of Sony.

A new president from Pepsi

Apple was growing fast. It had sold 2,500 computers in 1977, but it sold 210,000 in 1981. The company was quite chaotic, though. For example, the three models it was making or developing, the Apple II, the Macintosh, and Lisa, all used different software. The Macintosh was very behind schedule. Jobs had such a strong personality that he was difficult to control. And competition was increasing. IBM introduced its personal computer to the market in August 1981.

■ industrial 形工業の ■ high-tech 形ハイテクの ■ chaotic 形混沌とした
■ behind schedule スケジュールより遅れて ■ competition 名競争、競合

ジョブズは、ドイツのデザイン性を気にいっていた。ポルシェやメルセデスなどの車が好きで、ドイツの商業デザイナーでブラウン製品をデザインしたディーター・ラムス（1932年生まれ）の大ファンでもあった。ラムスと同様、ジョブズもシンプルで分かりやすいデザインこそが、最も良いものだと信じていた。そこでジョブズは自分のマッキントッシュは、黒くていかにも工業製品のようなSONYのものとは対照的に、白い「最先端」を感じさせるようなデザインをするようエスリンガーに求めたのだ。

ペプシからの新たな社長

　アップルは急成長した。1977年には2500台だったコンピュータの売上は、1981年には21万台にまで伸びていた。しかし、会社内は混乱状態だった。例えば、製造・開発中のアップルII、マッキントッシュ、そしてリサの3モデルは、それぞれに異なったソフトウェアを使用していた。中でもマッキントッシュの計画は大きく遅延していた。ジョブズの個性は強く、彼に言うことを聞かせるのは難しい。そして、競争も激化している。1981年8月には、IBMが独自のパソコンを市場に送り出した。

Mike Markkula decided it was time to look for a new president to lead the fast-growing company. The man they chose was John Sculley. Sculley was president of the Pepsi-Cola division of PepsiCo. He had successfully increased sales of Pepsi with a series of advertisements called the "Pepsi Challenge." Sculley was thought to be a marketing genius.

Sculley's background, however, was very different from that of Jobs. His father was a New York lawyer, while Jobs' father was a mechanic. Sculley was a "company man" who had worked at Pepsi all his life, while Jobs had worked nights at Atari for only a few months before setting up his own company.

But Apple—and Steve Jobs—wanted Sculley. They liked the way he had sold Pepsi not as a drink, but as a "lifestyle choice" for young people. They wanted him to do the same thing for their computers.

Jobs worked hard to persuade Sculley to join Apple. He met him several times and agreed to pay him a $1 million salary and a $1 million bonus for taking the job.

One day in New York, Jobs looked Sculley in the eye and asked him, "Do you want to spend the rest of your life selling sugared water, or do you want a chance to change the world?" Sculley was so shocked he couldn't breathe. That was when he finally said yes.

■ genius 名 天才 ■ look someone in the eye（人）の目を直視する ■ sugared water 砂糖水

マイク・マークラは、この急成長する会社を率いる新たな社長が必要だと決心する。彼らが選んだのは、ジョン・スカリー。スカリーは、ペプシコの一部門、ペプシコーラの社長だった人物だ。彼は「ペプシ・チャレンジ」という広告で、販売量を押し上げてきた実績があった。スカリーは当時、マーケティングの神様として知られていた。

　しかし、スカリーとジョブズの生い立ちは極めて異なっていた。彼の父親はニューヨークの弁護士であるのに対して、ジョブズの父親は整備工だ。スカリーはペプシに一生を捧げてきた「会社人間」だが、ジョブズは会社を立ち上げる以前は、アタリで夜間数ヵ月働いたことがあるだけだった。

　しかし、アップル、そしてスティーブ・ジョブズも、スカリーを必要としていた。彼らは、スカリーがペプシをただの飲み物としてではなく、「ライフスタイルの選択」として若者に販売したことを評価していた。それと同じことをアップルのコンピュータにもやってもらいたいと思ったのだ。
　ジョブズは、スカリーにアップルに来てくれるよう熱心に説得した。ジョブズと彼とは何度も話し合い、年俸100万ドル、さらに仕事を受け入れた時点で別途100万ドルのボーナスを支払うことで合意した。
　ある日、ニューヨークでジョブズはスカリーの目を見つめながら問いかけた。「これからの人生を、砂糖水を売って過ごすのか、それとも世界を変えてゆくチャンスに挑戦したいのか」スカリーは驚きのあまり息ができなかった。そしてついに彼らの申し出を受け入れたのだった。

Culture shock

John Sculley flew to California in May 1983. It was a big culture shock. He was used to the East Coast style of doing business: men in suits and formal manners. Apple meetings, with lots of young people in jeans shouting at one another, were a big surprise.

At first, Jobs and Sculley got on well, but gradually Jobs began to feel that Sculley was not the right man for the job. Sculley promoted the wrong people, and did not love the products the way Steve did. He was not a "product guy;" he just wanted to get rich.

One big argument Jobs and Sculley had was about the price of the Macintosh computer. The original plan was to sell it for $1,000, but Jobs had made so many changes that such a low price was impossible. Jobs wanted to sell it for $1,995, but Sculley said that because of marketing costs, they would have to sell it for $2,495. Sculley was the president, and he won the fight.

■ used to 以前は～だった ■ get on well うまくやっていく ■ gradually 副 だんだんと ■ promote 動 昇格させる

カルチャーショック

　ジョン・スカリーがカリフォルニアにやってきたのは1983年5月のことだった。それは大きなカルチャーショックであった。彼はスーツを着て形式ばった東海岸のビジネス・スタイルに慣れきっていた。アップルでの打ち合わせで、多くのジーンズ姿の若者が大きな声で話す様子は驚きだった。

　初めのうち、ジョブズとスカリーはうまくいっていた。しかしだんだんとジョブズはスカリーがこの仕事にはふさわしくないのではと感じはじめる。スカリーは適切とは思えない人材を昇進させ、それにスティーブと同じように製品を愛することはなかった。彼は「ものづくりの男」ではなく、ただ金持ちになりたかったのだ。

　ジョブズとスカリーとが大激論をしたのはマッキントッシュ・コンピュータの価格についてだった。そもそもは1000ドルで販売しようという計画だった。しかしジョブズがあまりにも多くの変更を加えたために、そんな低価格は実現不可能になっていた。そこでジョブズはこの製品を1995ドルで販売しようとする。しかし、スカリーはマーケティングの費用などを考えると2495ドルでなければならないという。スカリーは社長。したがって、彼の決裁が最終的に採用された。

17 The launch of the Macintosh

Jobs wanted to launch the Macintosh in a dramatic way. By 1983, IBM personal computers were the best-selling computers in the market. IBM was an old, large, and traditional company. Jobs therefore wanted to make an advertisement in which "cool" little Apple fought back against big, corporate, "boring" IBM.

The Mac was going to be launched in January 1984. Because everyone associated the year 1984 with George Orwell's book *1984* about a totalitarian state, Jobs decided to make that the theme of the advertisement.

Apple hired Ridley Scott, the director of *Blade Runner*. He made a commercial in which a woman runs through a crowd and throws a hammer into a screen with a picture of Big Brother. The message was clear: "Don't let IBM control the world. Get an Apple Mac and be a cool young rebel."

The commercial was shown during the Super Bowl on January 22, 1984. Nearly 100 million people watched it. It was a sensation.

On January 24, Jobs launched the Macintosh at an event in California. It featured music, graphics, spreadsheets—and it could even talk!

■ fight back against（人）に応戦する ■ totalitarian state 全体主義国家 ■ big brother 独裁者 ■ rebel 图反逆者 ■ sensation 图大評判 ■ feature 動〜を呼び物[目玉]にする

マッキントッシュの発売

 ジョブズは、マッキントッシュを驚くような方法で売り出したかった。1983年までにIBMのパソコンが、市場で最もよく売れる商品となっていた。IBMは長い歴史を持った、伝統的な大会社だった。そこでジョブズは、「かっこよく」て、小さいアップルが、大きく退屈なIBMに反撃をしかけるという広告戦略を立案した。

 マックは、1984年1月に発売される予定だった。というのも、誰もが1984年をジョージ・オーウェルの全体主義国家を描いた小説『1984年』と結びつけようとしていたからだ。ジョブズも、そのテーマでの広告戦略を打ち出した。

 アップルは、映画『ブレードランナー』の監督、リドリー・スコットを雇った。彼は、女性が群衆の中を走り抜け、独裁者(ビッグ・ブラザー)の映るスクリーンに、ハンマーを投げつけるコマーシャルを作った。メッセージは、「IBMに世界をコントロールさせてはならない。アップルのマックでクールな若い反逆者になろう」という明快なものだった。

 コマーシャルは、1984年1月22日のスーパーボウルの試合中に放映され、1億人近い人が視聴することとなり、センセーションを巻きおこした。

 1月24日、カリフォルニアで開催されたイベントで、ジョブズはマッキントッシュを発売した。それは音楽、画像、表計算をそなえ、そして話すこともできたのだ!

The success of the Macintosh made Jobs even more arrogant than before. He was put in charge of the Lisa division, as well as the Macintosh division. He fired a lot of the Lisa people, told the rest of them they were no good, and put "his" people from the Macintosh division into the top jobs.

He also decided to build a factory to make the Macintosh. He wanted the factory to be beautiful, so he painted all the equipment in bright colors. But as it was delicate, the equipment stopped working properly when it was painted. This was typical of how Jobs would put design above simple common sense.

Jobs was not an easy man to work for. He thought he was special. He thought he didn't have to follow the rules like normal people. Other people took care to be polite, but he said exactly what he thought, even if he was rude and hurt people.

He also had an extreme way of looking at things. People were either "geniuses" or "idiots," "heroes" or "bozos." Their work was "great," or it was "shit." Some people found Jobs's criticism inspiring. It made them work harder, and they achieved amazing things. Other people could not bear it.

■ arrogant 形 尊大な、傲慢な ■ fire 動 (人) を解雇する ■ equipment 名 装置
■ delicate 形 壊れやすい ■ common sense 常識 ■ bozo 名 愚か者 ■ shit 名 くそ、最低のもの ■ bear 動 耐える

マッキントッシュの成功は、ジョブズを以前にもまして横柄にした。彼はマッキントッシュ部門と同様にリサの部門も担当することになった。ジョブズはリサ部門から多くのスタッフを辞めさせ、残った人にも能力がないのだからと言って、マッキントッシュ部門の「自分の」スタッフを管理職に任命したのだ。

　その上彼は、マッキントッシュを製造する工場の建設も決定する。工場であっても見た目にこだわるジョブズは、全ての設備や機材を明るい色に塗りかえてしまった。しかし、繊細な機材はペンキを塗られ、正常に作動しなくなってしまった。ジョブズがいかに、誰でも分かる常識よりもデザインを優先したかという、典型的な例であろう。

　ジョブズの元で働くのはたやすいことではなかった。自分は特別だと思い、普通の人のように規則に従う必要もないと思っていた。他の人は礼儀正しく気を使う。しかしジョブズは、自分の思っていることをたとえそれが無礼で人を傷つけようとも、直截に話してしまう。

　さらに彼の物事の見方は、極端だった。彼にとって、人は「天才」か「愚か者」か、または「英雄」か「間抜け」かだった。やった仕事は「素晴らしい」か、「くだらないもの」でしかないのだ。ジョブズの批評に触発され、真剣に働いて驚くべき成果をあげる人も中にはいた。しかし、それ以外の人々は我慢できなかったのだ。

Arrogant and difficult people get a lot of enemies. If you have a lot of enemies, you need to be successful, or your enemies will attack you. Sadly for Jobs, the Apple Mac, after an impressive start, was not selling very well. In March 1985, for example, it only sold 10% of its target.

With things going badly, Jobs just became even ruder and more aggressive. No one wanted to work with him, and managers started complaining to John Sculley about him. Sculley removed him from the Macintosh division.

Jobs now had nothing to do. Sculley suggested that Jobs became a "global visionary," but Jobs was a "product guy." He wanted real responsibility for developing real products.

Jobs took a holiday in Europe. When he came back to Apple, he announced that he was going to resign. In August 1985, he left the company and sold all his Apple stock (except one share).

■ visionary 名 ビジョンを持った人　■ responsibility for 〜に対する責任
■ resign 動 辞職する

横柄で難しい人間は多くの敵をつくるものだ。もし、多くの敵がいるならば、成功しないかぎり、敵は攻撃をしかけてくる。ジョブズにとって残念だったのは、アップルのマックは、その印象的なスタートとは裏腹に、販売は期待ほどには伸びなかったことだ。1985年3月を例にとると、販売は目標の10%にも満たなかった。

　状況が悪くなると、ジョブズはさらに無礼で攻撃的になっていった。誰もが彼と仕事をするのを嫌がった。そしてマネージャーたちは、ジョン・スカリーに文句を言いはじめ、スカリーはマッキントッシュ部門からジョブズを外すことにしたのだ。

　今やジョブズは、何もすることがなかった。スカリーはジョブズに「世界に向けたビジョン」を掲げたらどうだと言った。しかしジョブズは「ものづくりの人間」だった。彼は実際に製品を開発する現場の責任者でいたかったのだ。

　ジョブズはヨーロッパで休暇をとることにした。そして、次にアップルに戻ってきた時に、アップルを去ることを発表した。1985年8月、彼は会社を去り、1株だけ残し、全ての持ち株を売却したのであった。

🍎 TOEIC® ・ビジネスで役立つ表現

> TOEICのカリスマ講師、神崎正哉と英会話マスター、カール・ロズボルドのコンビが本文から精選した重要語句です。TOEICのスコアアップには、語彙力の養成が欠かせません。ここで取り上げた表現はすべて覚えてください。

☐ be impressed 感動する, 感心する

ex. He was impressed and gave Jobs his business card.
（p.54, 3行目）

☐ get started doing X X（仕事・作業）に取り掛かる

ex. Jobs and his friends and family got started building their first computer, the Apple I, in the Jobs family's garage.
（p.54, 6行目）

☐ give up X to focus on Y Yに集中できるようにXをあきらめる

ex. Wozniak finally gave up his job (at Hewlett-Packard) to focus full-time on Apple. （p.56, 12行目）

☐ be a mentor to X Xのよき師になる

ex. Markkula was like a mentor to Jobs. （p.56, 15行目）

☐ introduce ［動］（新商品を）発表する

ex. In April 1977, at the West Coast Computer Faire, Apple introduced its consumer computer. （p.60, 1行目）

☐ smash hit ［名］大ヒット, 大ブレーク

ex. It was a smash hit. （p.60, 3行目）

☐ Over 16 years 16年間に

ex. Over 16 years, nearly six million units were sold. （p.60, 3行目）

2

☐ **then-girlfriend** 当時の彼女

> **ex.** In May 1978, Jobs's then-girlfriend Chrisann Brennan gave birth to a baby girl, Lisa. （p.60, 5行目）

☐ **non-technical people** 技術のことをよく知らない人

> **ex.** GUI computers were so easy that ordinary, non-technical people could understand and use them. （p.62, 5行目）

☐ **chaotic** [形] 混沌としている

> **ex.** Apple was growing fast. ... The company was quite chaotic, though. （p.66, 8行目）

☐ **be thought to be X** Xだと思われている

> **ex.** Sculley was thought to be a marketing genius. （p.68, 5行目）

☐ **dramatic** [形] 劇的な

> **ex.** Jobs wanted to launch the Macintosh in a dramatic way. （p.72, 1行目）

☐ **launch** [動] 発売を開始する

> **ex.** Jobs wanted to launch the Macintosh in a dramatic way. （p.72, 1行目）

［ジョブスの言葉］

Simplicity is the ultimate sophistication.
(Apple Slogan)

単純であることこそ、究極の洗練である。（p.58, 12行目）

TOEIC・ビジネスで役立つ表現

🍎 TOEIC® ・ビジネスで役立つ表現　　🍎2🍎

□ associate X with Y　XからYを連想する

ex. Everyone associated the year 1984 with George Orwell's book *1984* about a totalitarian state. （p.72, 7行目）

□ arrogant ［形］傲慢な

ex. The success of the Macintosh made Jobs even more arrogant than before. （p.74, 1行目）

□ put X above Y　YよりXを優先する

ex. Jobs would put design above simple common sense. （p.74, 9行目）

□ find X inspiring　Xが自分にやる気を与える

ex. Some people found Jobs's criticism inspiring. （p.74, 17行目）

□ can't bear X　Xに耐えられない

ex. Other people could not bear it. (it = Job's criticism) （p.74, 18行目）

□ after an impressive start... ［慣用句］
見事なスタートを切ってからは

ex. Sadly for Jobs, the Apple Mac, after an impressive start, was not selling very well. （p.76, 3行目）

□ resign from X　Xを辞任する

ex. In 1985, Jobs announced that he was going to resign from Apple. （p.76, 3行目）

コラム

スティーブ・ジョブズとジョン・スカリー

　スティーブ・ジョブズとジョン・スカリーは、よく対極にある人物として解説されます。ジョブズはヒッピー上がりの「ものづくり屋」。それに対してスカリーは、東海岸の大企業の経営者。しかもジョブズは、自らの技術と卓越したプレゼンテーション能力でアップルを育てた叩き上げ。それに対してスカリーは、義理の父親の紹介でペプシに就職し、そこでのし上がった会社人間。

　アップルが、成長したとき、大きくなった企業の指揮をとる人物が必要であるということで、ジョブズはジョン・スカリーにアップルの社長になるように依頼しました。では、なぜそんなにも異なる性格でありながら、ジョブズはスカリーに近づいたのでしょうか。

　実は、ジョン・スカリーは、ペプシのマーケティング戦略を担当し、清涼飲料水業界の巨人であるコカコーラに挑み、当時話題を呼んだペプシ・チャレンジという比較広告を大胆に行い、コカコーラのシェアを奪った人物なのです。マッキントッシュを、IBMと比較させてキャンペーンを行ったことからもおわかりのように、ジョブズはスカリーのライバルへの徹底したチャレンジ精神に共鳴したのでしょう。

　しかし、ものづくりの叩き上げであるジョブズは、最終的に自らの製品にこだわりつづけ、そのことが実利を重視するスカリーとの間の溝となります。マッキントッシュの売れ行きが思わしくなく、さらにジョブズの強気な性格を、スカリーは持て余します。そして、ジョブズがスカリーを解任しようと画策したことから、スカリーは逆に役員の支持を元にジョブズを解任したのでした。

　その後、スカリーは、アップルの業績を回復させるために、マッキントッシュのOSをビル・ゲイツなどの扶助を得ながら、他のコンピュータメーカーに販売しようとします。しかし、ものづくりにこだわる他

🍎 **コラム**

の幹部は、マッキントッシュの心臓であるOSを他社に売り渡すことに反対。結局、その計画は実現できず、その後業績低迷の責任をとって、スカリーはアップルを去ることになったのです。

一方、マッキントッシュにこだわり続けたジョブズは、その後瀕死のアップルに復帰。マッキントッシュを土台として、様々な新製品を発表していきました。ジョブズとスカリーとの対立は、企業が何に価値をおき、プライオリティを求めるのかという難問を、我々に問いかけているといっても過言ではないでしょう。

Part 3 | Time out
タイム・アウト

What's NeXT?

Jobs decided he was going to use his money—$100 million—to create a computer for the educational market. To do this, he set up a new company called NeXT with a few colleagues from Apple.

The first thing Jobs did was ask Paul Rand, one of the world's most famous designers, to create a logo for his new company. Normal designers make several designs for customers to choose from. Rand made just one design, and it cost $100,000.

Jobs spent too much money on other things, too. He bought a new furnished office and redesigned it completely. He also built a factory with beautiful white walls and colorful robots. He had decided to build a cube-shaped computer. The cube shape was very difficult and expensive for the engineers to build.

By late 1986, after one year in business, NeXT was already short of money. Luckily for Jobs, the Texas billionaire Ross Perot was eager to invest in the company. In 1979, Perot had missed a chance to invest in Microsoft. He didn't want to make the same mistake again, and he bought 16% of NeXT for $20 million.

■ colleague 名同僚　■ furnished 形家具付きの　■ cube 名立方体　■ short of money お金に不自由して

NeXTとは

　ジョブズは、自らが得た1億ドルの資金を使って、教育市場向けのコンピュータを開発することにした。この事業のために、彼はアップルからの数人の同僚とともにNeXTという新しい会社を立ち上げた。

　まず最初に彼がやったことは、世界的に知られたデザイナーの一人、ポール・ランドに新会社のロゴを依頼することだった。普通のデザイナーならば、顧客のためにいくつかのデザイン案を提示し、そこから選んでもらう。ランドはたったひとつのデザインをつくり、10万ドルを請求した。

　ジョブズは、他のことにも多額の資金を投入した。彼は新しく家具付きのオフィスを購入し、内装もことごとくやり直した。さらに真っ白な壁の工場を建て、そこでは色とりどりのロボットが作業をした。そこで立方体のコンピュータをつくろうとしたのだ。技術者にとってみると、立方体のコンピュータを開発するのはとてもやっかいな作業で、高くつく。

　ビジネスを立ち上げて1年、1986年の後半には、NeXTはすでに資金難に陥っていた。ジョブズにとって幸いだったのは、テキサスの資産家、ロス・ペローがNeXTに投資したがっていたことだ。1979年にペローはマイクロソフトに投資する機会を逃していた。同じ過ちを繰り返したくないペローは、そこでNeXTの株の16%を2000万ドルで取得した。

Things inside NeXT were not going well, though. Jobs asked Bill Gates, his friend and rival, to make software for the machine. "What's the point in developing software for a computer that has no market?" Gates answered. IBM said they were interested in licensing NeXTSTEP (NeXT's operating system), but in the end, they chose not to.

On October 12, 1988, Jobs made a big presentation introducing the NeXT computer at the San Francisco Symphony Hall. The computer was very expensive, costing $6,500 without a printer or hard disk. And it was only going to come out in 1989.

When the NeXT computer came out, it sold very badly. The factory was able to make 10,000 computers a month, but they were only selling 400 a month. It was a disaster!

In the end, Jobs stopped making hardware and specialized in software. He sold the NeXT factory to the Japanese company Canon.

Meeting his mother and sister

In 1986, Jobs's mother Clara died from cancer. Soon after, with the help of a detective, he found out who his birth mother was. He also learned that she was living in Los Angeles.

■ operating system （コンピュータの）基本ソフト、ＯＳ　■ disaster 図まったくの失敗

しかし、NeXTの内状はというと、決してうまくはいっていなかった。ジョブズは、彼の友人でもありライバルでもあるビル・ゲイツに、コンピュータ用のソフト制作を依頼していた。「市場のないコンピュータになぜソフトを制作しなければならないのか」というのが、ビル・ゲイツの答えだった。IBMはNeXTのオペレーティング・システムであるNeXTSTEPに興味を示すが、結局はそれも実らなかった。

　1988年10月12日、ジョブズはサンフランシスコのシンフォニーホールで、NeXTコンピュータのお披露目のための大々的なプレゼンテーションを実施した。それはプリンターやハードディスクなしで6500ドルもする大変高価なものだった。しかもそれが市場に出回るのは1989年になってからのことだった。

　NeXTコンピュータの販売ははじまったものの、売り上げはかなりひどかった。工場は月に1万台のコンピュータを生産できる。しかし、月の販売台数はたった400台。完全に失敗だった。

　結局、ジョブズはハードウエアの製造を断念し、ソフトウエアに専念した。彼はNeXTの工場を、日本企業キャノンに売却した。

母と妹に出会って

　1986年にジョブズの母クララが癌で他界した。そのすぐ後に、彼は探偵を使って実母を見つけ出した。その母がロサンゼルスに住んでいるということも併せて分かったのだ。

After giving Jobs up for adoption, Joanne and Abdulfattah, Jobs's birth father, had got married. They had another child, a daughter called Mona. (Later, Abdulfattah had left Joanne, and she had married another man.)

Like her brother, Jobs's sister Mona was very talented. She was a novelist and lived in New York. After she and Jobs met, they became lifelong friends. In 1996, Mona wrote a novel called *A Regular Guy*. It was about a Silicon Valley millionaire and the daughter he had with a woman he was not married to. Really, the book was about Jobs and his daughter Lisa.

Mona managed to find their father Abdulfattah. He was living in California and worked in the restaurant business. When he met Mona, he told her that he had worked in a restaurant where many famous technology people ate. One of them was Steve Jobs, who "gave him big tips."

Abdulfattah didn't know that Jobs was his son, and Mona didn't tell him. Jobs did not want to meet his father. But Joanne and Mona often spent Christmas with Jobs, and Mona made a beautiful speech at Jobs's memorial service.

■ novelist 名小説家 ■ lifelong 形生涯続く ■ memorial service 告別式

ジョブズを養子に出した後、ジョアンとジョブズの実の父アブドゥルファターは結婚し、もう一人モナという女の子をもうけていた(後年アブドゥルファターはジョアンと別れ、彼女は別の男性と再婚した)。

　兄同様、モナも才能あふれる女性だった。彼女は小説家になり、ニューヨークに住んでいた。モナとジョブズは一度出会うと、その後は生涯にわたる友人となった。1996年、モナは『A Regular Guy』という小説を書いた。それはシリコンバレーの大金持ちの男と娘の話で、その男は娘の母親とは結婚していなかった。まさに、ジョブズとリサがモデルの小説だった。

　モナは、二人の父親アブドゥルファターを何とかして見つけ出した。父親はカリフォルニアに住み、レストランビジネスに従事していた。モナが父親と会ったとき、彼は有名な技術者がたくさんやってくるレストランで働いていたときのことを話してくれた。その客の中におおいにチップをはずんだ人がいて、それが何とスティーブ・ジョブズだったというのだ。
　アブドゥルファターは、ジョブズが自分の子供だとは知らなかった。そしてモナも、ジョブズが父親に会いたがってなかったことから、そのことを父親には伝えなかった。しかし、ジョアンとモナは、しばしばジョブズとクリスマスを共に過ごした。そしてモナは、ジョブズの葬儀で心を打つスピーチをしたのである。

🎧20 Buying Pixar

In 1985, Jobs met a man named Ed Catmull. Catmull worked in the computer division of Lucasfilm, the film effects company of George Lucas, the creator of *Star Wars*.

Lucas was getting divorced, so he needed money fast. When Jobs offered him $10 million for the computer division, Lucas said yes. The company had three lines of business. It made hardware like the $125,000 Pixar Image Computer; it made software for rendering 3-D graphics; and it also had a digital animation business.

One of the company's successful products was the Computer Animation Production System (CAPS) it developed with Disney. CAPS helped to automate and speed up the process of making artwork for animated films. It was used in the 1989 Disney film *The Little Mermaid*.

The entrance to Pixar's studio lot in Emeryville, California

🌿

■ get divorced 離婚する　■ render 動(〜を…に)する、与える　■ automate 動自動化する　■ artwork 名イラスト、図柄　■ animated 形アニメの

Pixarの買収

　1985年、ジョブズはエド・キャットムルという人物と出会った。彼は、ルーカス・フィルムのコンピュータ部門で働いていた。ルーカス・フィルムとは、あの『スターウォーズ』のクリエイターであるジョージ・ルーカスの映像（効果）を手がける制作会社である。

　ルーカスは離婚した後だったこともあり、急ぎお金を必要としていた。ジョブズが1000万ドルでそこのコンピュータ部門の買収を提示すると、ルーカスは応諾。ルーカスの会社には、ピクサー・イメージ・コンピュータという12万5000ドルのハードウェア製造、3Dグラフィックスを表現するソフト製作、デジタル・アニメーション製作の3部門があった。

　ここで最も成功した製品は、ディズニーと一緒に開発したコンピュータ・アニメーション・プロダクション・システム（CAPS）だった。CAPSはアニメーション画像の製作工程を自動化でき、かつ時間短縮にも貢献した。1989年に製作されたディズニーの『リトル・マーメイド』にも使われている。

John Lasseter

Pixar was doing badly, and Jobs had to fire many of the staff. One area he always continued to invest in, however, was animation. Originally, Pixar only made short animated films to help promote its own computers. The man in charge of Pixar's digital animation department was John Lasseter.

In 1986, Lasseter produced a short animated film about a desk lamp for the annual computer graphic conference. It was so good that it was nominated for an Academy Award. Then in 1988, *Tin Toy*, Lasseter's film about the relationship of a toy and a baby, won the Academy Award for animated short film. This was the first time a computer-generated film had won.

Although Jobs had by now invested $50 million in the company, all three of Pixar's divisions were losing money. But the success of *Tin Toy* caught the eye of Michael Eisner and Jeffrey Katzenberg, the top managers at Disney. First, they tried to get Lasseter to come to Disney. When he refused, they started looking at ways that Disney and Pixar could work together to make movies.

- promote 動 促進する ■ conference 名 会議 ■ nominate 動 推薦する
- relationship 名 関係 ■ refuse 動 断る

ジョン・ラセター

　ピクサーは業績不振で、ジョブズは多くのスタッフを解雇しなければならなかった。しかし、彼が常に投資を続けたのが、アニメーションの分野であった。元々ピクサーでは、自社のコンピュータをプロモーションするために短編アニメを製作していたに過ぎなかった。そんなピクサーのデジタル・アニメーション部門を任されていたのがジョン・ラセターという人物である。

　1986年、ラセターは毎年開催されるコンピュータ・グラフィック・コンファレンス向けに、卓上ランプをテーマにした短編アニメを制作した。その作品の出来がとても良かったこともあり、アカデミー賞にノミネートされることになった。その後1988年に、ラセターはおもちゃと赤ちゃんの交流をテーマにした『ティントイ』で、アニメ短編部門でアカデミー賞を獲得した。コンピュータで制作された映画が初めてアカデミー賞をとった瞬間である。

　ジョブズは、そんな会社に5000万ドルをすでに注ぎ込んだものの、ピクサーの3部門は資金流出を続けていた。しかし、『ティントイ』の成功が、ディズニーの経営陣であるマイケル・アイズナーとジェフリー・カッツェンバーグの目にとまる。最初、彼らはラセターをディズニーに引き抜こうとした。しかしラセターがそれを拒否すると、ディズニーはピクサーと共同して映画製作をする可能性を模索しはじめたのだ。

In May 1991, Disney and Pixar made a deal to co-produce a film. Disney was a much bigger company, so the terms of the deal favored Disney. Disney would own the film and its characters, and it would pay Pixar just 12% of the revenues from the film.

Toy Story

Lasseter proposed a film called *Toy Story* to Disney. It was about an old toy, a cowboy called Woody, and a flashy new toy, a spaceman called Buzz Lightyear, and their relationship with Andy, the boy who owned them.

The problem was that as part of the deal, Disney had creative control. Katzenberg kept telling Lasseter to change the story. Woody became a more and more disagreeable person (rather like a Hollywood executive). Finally, when the film was about half-complete, everyone accepted it was no good. Lasseter took back control and made Woody into a wise and charming character again.

Lasseter knew best. When *Toy Story* was released in November 1995, it was a huge hit. It earned $362 million worldwide.

■ deal 名 取引　■ make a deal ～と取引する　■ co-produce 動 ～を共同制作する
■ terms of the deal 契約条件　■ favor 動 ～に有利に働く　■ revenue 名 収入、収益
■ flashy 形 派手な　■ release 動 発表する、リリースする

1991年5月、ディズニーとピクサーは、映画の共同製作について合意するにいたる。ディズニーはピクサーと比べれば巨大とも言える会社。そのため、契約の条件はディズニーに有利になっていた。ディズニーは映画とそのキャラクターの権利を所有し、ピクサーには映画の興行収入のたった12％が支払われるだけだった。

『トイ・ストーリー』

　ラセターは、『トイ・ストーリー』という映画の製作をディズニーに提案した。それは古いおもちゃのカウボーイ、ウッディーと、新しくピカピカの宇宙飛行士のおもちゃ、バズ・ライトイヤー、そしておもちゃの持ち主、少年アンディの交流を描いた映画だった。

　問題は、ディズニーとの契約により、製作指揮はディズニーがとるということだった。カッツェンバーグは、ラセターに物語の変更を要求し続けた。ウッディーはどんどん気むずかし屋になっていく。ちょうどハリウッドのお偉いさんのように。そして、映画の製作も半ばになると、誰もがこの映画はよくないと認めるようになった。そこでラセターが指揮をとることになり、ウッディーを利口で愛嬌のあるキャラクターに戻したのだった。

　すべてのことが分かっていたのは、ラセターだったということだ。『トイ・ストーリー』が1995年11月にリリースされると、映画は大当たりした。全世界で3億6200万ドルの興行収入を稼ぎだしたのだ。

Jobs decided to take advantage of the film's success to list Pixar on the NASDAQ stock market the same month. Jobs had invested $50 million in Pixar. Now his shares were worth $1.2 billion! The IPO also meant that Jobs could negotiate a better deal with Disney. They agreed to a 50/50 split for financing and profit-sharing in the future.

Lessons and love

Steve Jobs learned a lot in the years he was away from Apple.

From NeXT, he learned that a computer company does not need to manufacture its own products. He also learned that well-designed products won't sell if they're too expensive. From Pixar, he learned that people love the combination of technology and entertainment. These lessons would be useful to Jobs in the future.

This was also the time when Jobs met his wife. He talked about these years in the speech he made to graduating students at Stanford University in 2005.

■ take advantage of 〜を利用する　■ negotiate 動交渉[協議]する　■ finance 動資金を融通する　■ profit-sharing 形利益分配の　■ graduating student 卒業予定者

ジョブズは、映画の成功を利用して、同じ月にピクサーをナスダックに上場させることにした。ジョブズは5000万ドルをピクサーに投資していた。今や彼の株式は12億ドルにも跳ね上がったことになる。株式公開によって、ジョブズはディズニーに対し有利な立場で交渉できるようになった。そして製作コストと収益を50%ずつ均等に分配することで合意した。

教訓と愛

　スティーブ・ジョブズは、アップルから離れている間に、多くのことを学ぶ。
　コンピュータ会社だからといって、ハードウェアを製造する必要はないと、NeXTからの経験で学んだ。そして、どんなにデザインが優れていても、価格が高ければ売れないということも身をもって知った。ピクサーからは、消費者はテクノロジーとエンターテインメントの融合を求めていることも学習した。こうしたレッスンは、ジョブズの未来にとって貴重なものとなったのだ。
　またこの時期、ジョブズは妻となる女性と出会った。彼はそのあたりのことを、2005年のスタンフォード大学の卒業式でのスピーチで語っている。

I didn't see it then, but it turned out that getting fired from Apple was the best thing that could have ever happened to me. The heaviness of being successful was replaced by the lightness of being a beginner again, less sure about everything. It freed me to enter one of the most creative periods of my life.

During the next five years, I started a company named NeXT, another company named Pixar, and fell in love with an amazing woman who would become my wife. Pixar went on to create the world's first computer-animated feature film, Toy Story, and is now the most successful animation studio in the world. In a remarkable turn of events, Apple bought NeXT, I returned to Apple, and the technology we developed at NeXT is at the heart of Apple's current renaissance. And Laurene and I have a wonderful family together.

I'm pretty sure none of this would have happened if I hadn't been fired from Apple.

■ turn out （結局〜に）なる　■ get fired 解雇される　■ replace 動差し替える
■ remarkable 形すばらしい　■ turn of events 出来事の節目　■ renaissance 名（文化や学問などの）復興、再生

当時はわからなかったが、アップルを解雇されたことは、私にとっては今までにはない良いことだったと思っている。成功の重荷が、何も未来を約束されない初心者として再び進みだす気軽さに代わり、私を人生でもっとも創造力を発揮できる期間へと放ってくれた。

　あれから5年、私はNeXTという会社をはじめ、ピクサーという会社を経営し、素晴らしい女性と恋に落ち結婚をした。ピクサーでは、世界初のコンピュータによるアニメーションフィルム『トイ・ストーリー』を製作し、今や世界で最も成功したアニメーション向けのスタジオになっている。そうした一連のことが一変して、今やアップルがNeXTを買収し、私がアップルに戻ることになったわけだ。我々がNeXTで開発したテクノロジーは、現在のアップル復興の原動力となっている。そして、ローレンと私は充実した家庭を築いている。

　もしアップルから解雇されなければ、私にこうした出来事は起こらなかったと確信している

Meeting Mrs. Jobs

Funnily enough, Jobs met his wife at Stanford University when he was invited to give a speech at the university's business school in October 1989. Laurene Powell was a tall, beautiful blonde in her mid-twenties. Having worked for three years at an investment bank, she quit and enrolled at Stanford after a long holiday in Italy.

Since all the chairs were taken, Laurene was sitting in the reserved seats at the front. As a result, she was sitting next to Jobs before he went on stage. He liked her and invited her out to dinner that night.

On New Year's Day 1990, Jobs asked Laurene to marry him. She said yes, but for a year nothing happened. Then, in December 1990, they went to Hawaii together. Again, Jobs told her he wanted to marry her. More importantly, Laurene got pregnant.

Jobs was nervous about getting married. Should he marry Laurene or his previous girlfriend? Finally he married Laurene on March 18, 1991. Jobs was thirty-six; Laurene was twenty-seven.

■ enroll 動 入学する   ■ previous 形 前の、先の

ジョブズ夫人との出会い

　奇遇にも、ジョブズが妻になる人と出会ったのが、1989年10月にスタンフォード大学のビジネススクールでスピーチを行ったときだった。ローレン・パウエルは、背の高い、金髪が美しい20代中頃の女性だった。投資銀行に3年間勤務したあと退職し、長いイタリアでの休暇を終え、スタンフォードに入学していた。

　ちょうど全ての席が埋まっていたので、彼女は前方の予約席に座った。そのため、ジョブズが登壇するまで、ローレンは彼の隣に座ることになったのだ。ジョブズは彼女を気に入り、その日の夜の夕食に誘った。

　1990年の元旦、ジョブズはローレンに結婚を申し込んだ。彼女は同意したが、その後しばらくは特になにも起こらなかった。同年の12月、彼らはハワイに一緒に行き、ジョブズは再び結婚したいと告げた。何よりも、その時ローレンは妊娠していた。

　ジョブズは、結婚には慎重だった。ローレンと結婚すべきか、それとも前のガールフレンドにすべきか？　結局、彼はローレンと1991年3月18日に結婚した。ジョブズは36歳、ローレンは27歳だった。

The ceremony was held in The Ahwahnee, a big stone hotel in Yosemite National Park in California. Jobs's Zen Buddhism teacher conducted the ceremony. When it was over, everyone had a piece of wedding cake (made without eggs or milk) and went out for a hike. A very healthy wedding indeed!

The married couple moved into an English-style house with a beautiful garden in Palo Alto. Laurene and Jobs had three children: a boy named Reed in 1991, then a girl named Erin in 1995, and another girl named Eve in 1998.

Falling Apple, rising Microsoft

From the early 1990s, Apple's market share had started falling. Computers running Microsoft Windows software were much more popular. Since 1985, Microsoft had been copying and refining the Graphical User Interface that Jobs had seen at Xerox PARC and then pioneered. After the launch of Windows 95 in 1995, Macintosh sales fell dramatically. By 1996, Apple's share of the market was only 4%.

■ conduct 動実施する ■ refine 動洗練させる ■ dramatically 副劇的に

結婚式は、カリフォルニアのヨセミテ国立公園にあるアワニーという大きな石造りのホテルで行われた。式はジョブズの禅の師がとり行った。式が終わると、出席者全員で卵と乳成分抜きのウェディングケーキを食べ、ハイキングに出た。なんと健康的な結婚式だったことか。

　新婚の二人は、パロアルトの美しい庭のある英国風の新居に引っ越した。ローレンとジョブズは三人の子供を授かる。1991年に長男リード、1995年に長女エリン、そして1998年に次女イブが生まれた。

アップルの凋落とマイクロソフトの成長

　1990年代初め頃から、アップルの市場でのシェアは下降線をたどりはじめる。マイクロソフトのウィンドウズを搭載するコンピュータのほうに人気が集まっていたのである。1985年以来、マイクロソフトは、ジョブズがゼロックスPARCで見て、先駆けて開発したあのグラフィカル・ユーザー・インターフェースを真似て、さらにそれを洗練させていた。1995年にウィンドウズ95が発売されて以来、マッキントッシュの売り上げは急速に悪化した。1996年には、アップルの市場でのシェアは4%にまで落ち込んでしまった。

John Sculley had left Apple in 1993. The current CEO was a man called Gil Amelio. Amelio knew that to fight back against Microsoft, Apple needed a new operating system (OS). Because the OS it had developed in-house was no good, it needed a partner. Amelio considered buying two companies. One was NeXT, and the other was Be Inc.

On December 10, 1996, the two CEOs presented their operating systems to Apple. Of course, Jobs made the better presentation! Amelio quickly bought NeXT Computer for $400 million. It was decided that Steve would come back to Apple as an advisor to the chairman. He started work at his old company in January 1997.

■ CEO 略 最高経営責任者 (= Chief Executive Officer)　■ in-house 副 社内で

ジョン・スカリーは、1993年にアップルを退任し、ギル・アメリオがCEOに就任した。彼はマイクロソフトに逆襲するには、アップル独自の新しいオペレーティング・システム(OS)を開発しなければならないと思っていた。社内で開発したOSが役に立つものではなかったため、パートナーの必要性を感じたアメリオは、NeXTとBe Inc.の2社を買収しようと考えたのだ。

　1996年12月、それぞれのCEOがアップルに対して、自社のOSについてプレゼンテーションを行った。もちろん、ジョブズのプレゼンテーションは相手を圧倒していた。アメリオは即座にNeXTコンピュータを4億ドルで買収することにした。そして、スティーブが会長のアドバイザーとしてアップルにカムバックすることも決定した。彼は1997年1月から、古巣で仕事をはじめたのだった。

🍎 TOEIC®・ビジネスで役立つ表現

TOEICのカリスマ講師、神崎正哉と英会話マスター、カール・ロズボルドのコンビが本文から精選した重要語句です。覚えておくと、必ず役立つ語句を拾いました。しっかりマスターしてください。

☐ not go well うまく行かない
> **ex.** Things inside NeXT were not going well. (p.86, 1行目)

☐ detective [名] 探偵
> **ex.** With the help of a detective, Jobs found out who his birth mother was. (p.86, 17行目)

☐ manage to do X なんとかXを成し遂げる
> **ex.** Mona managed to find their father Abdulfattah. (p.88, 11行目)

☐ automate [動]（工程などを）自動化する
> **ex.** The Computer Animation Production System (CAPS) helped to automate and speed up the process of making artwork for animated films. (p.90, 9行目)

☐ revenues [名] 収入, 売り上げ
> **ex.** Disney would own the film and its characters, and it would pay Pixar just 12% of the revenues from the film. (p.94, 3行目)

☐ flashy [形] 派手な, ピカピカの
> **ex.** It was about an old toy, a cowboy called Woody, and a flashy new toy, a spaceman called Buzz Lightyear. (p.94, 5行目)

☐ take advantage of X to do Y Xを機にYをする
> **ex.** Jobs decided to take advantage of the film's success to list Pixar on the NASDAQ stock market. (p.96, 1行目)

3

□ **profit-sharing** [名] 利益分配（制）

ex. They [=Pixar and Disney] agreed to a 50/50 split for financing and profit-sharing in the future. （p.96, 5行目）

□ **in one's mid-twenties** 20代半ばで

ex. Laurene Powell was a tall, beautiful blonde in her mid-twenties. （p.100, 3行目）

□ **market share** 市場占有率

ex. From the early 1990s, Apple's market share had started falling. （p.102, 10行目）

□ **fall dramatically** 下落する, 劇的に下がる

ex. After the launch of Windows 95 in 1995, Macintosh sales fell dramatically. （p.102, 14行目）

TOEIC・ビジネスで役立つ表現

コラム

サンフランシスコとロサンゼルス

　サンフランシスコを中心とする北カリフォルニアと、ロサンゼルスを中心とする南カリフォルニアとは、ビジネス上の往来は多くあるものの、その文化とそこで活動する人の意識には大きな違いがあり、互いに強いライバル意識を持った地域として知られています。

　サンフランシスコは、ジョブズのようなベンチャービジネスを興し、リスクにチャレンジしながら成長をしてゆく気風があります。それに対して、ロサンゼルスは、既にジャイアントとなった大型企業が市場を独占しようと根を張っています。ハリウッドの映画産業、ロサンゼルスの北、バーバンクにあるディズニーは、そうした企業の代表といえましょう。ジョージ・ルーカスもこうしたロサンゼルスの大資本の影響を嫌い、ルーカス・フィルムをサンフランシスコの北、マリーン・カウンティに開設したのです。

　政治的にも、サンフランシスコは民主党の地盤で、革新的な政治風土があるのに対して、ロサンゼルスは共和党との繋がりの太い企業が多くあります。ジョブズもそうした革新的な風土の影響を受け、若い頃はヒッピーとして自由気ままに活動していたのです。

　そんなジョブズが、Pixarの買収のあと、ディズニーの影響力を利用しながらも、『トイ・ストーリー』などのコンテンツを通して、エンターテインメント・ビジネスをしたたかに自らのコントロール下におこうとしたのです。

Part 4 | The return of the king
キングの復冠

Jobs is back

One of the first things Jobs did was to make a speech at the Macworld conference. He wanted to change things. "Apple has got to get the spark back," he said. "The Mac didn't progress much in ten years. Windows caught up, so we have to produce an OS that's even better."

Jobs started giving people from NeXT key jobs at Apple. But the company was doing very badly. Talented people were leaving, and the media suggested Apple might collapse.

Jobs was never good at being Number 2. Finally, on July 4, 1997, the Apple board decided to fire Gil Amelio and bring Steve Jobs back as a board member. For two months, Jobs had no job title. In September, he became "interim CEO" on a salary of $1 a year!

In August 1997, there was another Macworld conference, this time in Boston. Jobs made another speech. He was going to change the company.

"There are a lot of great people at Apple, but they're doing the wrong things because the plan has been wrong," he said. "I've found people who can't wait to follow a good strategy, but they can't because there hasn't been one."

■ spark 名 火花、スパーク ■ catch up 追い上げる ■ collapse 動 破綻する
■ interim 形 暫定的な ■ strategy 名 戦略

ジョブズの帰還

　ジョブズはまず最初にマックワールド・コンファレンスでスピーチを行った。彼は変革を起こそうとしていた。「アップルは輝きを取り戻さなければならない」彼はそう言った。「マックは、この10年間進化しなかった。そして、ウィンドウズの追撃にさらされている。我々はさらに進化したOSを開発しなければならない」

　ジョブズは、NeXTからやってきた人材にアップル内での主要ポジションを与えはじめた。しかし、会社の業績はひどいままだ。才能ある人は会社を辞め、メディアはアップルは崩壊するだろうと囁いた。

　ジョブズは、決してNo.2に甘んじることを良しとしない。ついに1997年7月4日、アップルの役員会はギル・アメリオを解任し、ジョブズを役員に昇格させた。最初の2ヵ月、ジョブズは具体的な役職を持たなかった。そして9月になって、年俸たったの1ドルで「暫定CEO」となった。

　1997年8月、マックワールド・コンファレンスがボストンで開催された。ジョブズはそこで再びスピーチを行った。彼は会社の改革をはじめたのだ。

　「アップルには素晴らしい人材がたくさんいる。しかし、彼らは間違ったことをやっている。プランが誤っていたからだ」と彼は語った。「満足に値する戦略を待ち望んでいる人がいるのに、そうした戦略は一度たりとももたらされなかったのだ」

At the end of his speech, Jobs announced a deal with Apple's old rival Microsoft. Microsoft was going to invest $150 million in the company and start developing Word and Excel for Mac.

Mac fans were shocked that Apple was making a deal with Microsoft, but the deal helped to save the company.

A new advertising campaign

Jobs always believed in products as a whole. Everything—engineering, design, packaging, advertising—had to be perfect. He decided to launch a major advertising campaign to remind the world what was special about Apple.

In his speech at the Boston Macworld conference, Jobs had talked about Apple customers. "The people who buy Apple products think differently," he said. "They are the creative spirits in this world, and they're out to change the world. We make tools for these kinds of people."

The advertising was based on this "think different" idea. Other computer makers talked about boring things like processor speed or memory capacity, but Apple was the computer for special, creative people.

■ as a whole 全体として　■ capacity 图容量

スピーチの最後に、ジョブズはアップルの長年のライバルであるマイクロソフトとの提携を発表する。マイクロソフトは、1億5000万ドルの投資をし、マック向けのワードとエクセルを開発することになった。

　マックファンは驚いた。アップルがマイクロソフトと手を組んだのだから。しかし、この取引が会社を助けたのである。

新たな広告キャンペーン

　ジョブズは、常に製品を全体として見ていた。全体とは、技術、デザイン、パッケージ、そして広告まで、全てが完璧でなければならなかった。彼は、アップルの何が特別なのかを、世界に思い出してもらうために大々的に広告を打ち出そうと決心した。

　ボストンでのマックワールド・コンフェレンスで、ジョブズはアップルの顧客がどういう人たちなのかについて言及した。「アップル製品を買おうとする人は、物事を違った目で見る」と彼は言った。

　「彼らはクリエイティブな精神を持ち、世界を変革しようとている。こうした人々に向けて、我々は道具を提供するのだ」

　広告は、この「Think Different」、すなわち「発想を変えよう」というアイデアを基本にした。他のコンピュータメーカーは、処理スピードやメモリーの容量など退屈なことを表に出すが、アップルは個性派クリエイターたちのコンピュータなのだ。

The campaign had black and white photographs of great people—John Lennon, Gandhi, Bob Dylan—with the words THINK DIFFERENT underneath.

Now Jobs needed to restructure the company so it could produce great products again. The first thing he did was ask all the product teams to explain if the products they were making were really necessary.

Jobs realized that the company was making far too many products. He decided to stop making 70% of them, including the Newton, the handheld personal digital assistant. He also stopped making printers and servers. Of course, he had to fire lots of people—3,000 of them.

He then drew a very simple strategy diagram. It was a square divided into four blocks. In the future, the company would focus on just four areas: 1. A desktop computer for design professionals; 2. A portable computer for design professionals; 3. A desktop computer for ordinary consumers; 4. A portable computer for ordinary consumers.

■ underneath 副下に ■ restructure 動再構築する ■ handheld 形手で持って操作できる ■ personal digital assistant 携帯情報端末、PDA ■ diagram 名図表
■ square 名正方形

キャンペーンでは、ジョン・レノン、ガンジー、ボブ・ディランといった偉人たちのモノクロ写真を使い、その写真の下に、THINK DIFFERENTの文字をおいた。

ジョブズはまず、再び人心を捉える製品を製作するために、会社を変革しなければならなかった。最初に彼は全ての制作チームに、彼らが手がけている製品が本当に必要かどうかの説明を求めた。

アップルは必要以上に多くの製品を開発・生産していた。そこでジョブズは生産中の製品の70%をストップすることにした。そのなかには、携帯情報端末のニュートンも含まれていた。プリンターやサーバーの製品化も中止した。それに伴い3000名にも及ぶ人を解雇することになった。

その上で、彼は極めて単純な戦略図を描いた。それは、正方形が4つに分けられたものだった。将来、会社はこの4つの分野だけに集中するということだ。
1）プロのデザイナー向けのデスクトップ・コンピュータ
2）プロのデザイナー向けのポータブル・コンピュータ
3）一般ユーザー向けのデスクトップ・コンピュータ
4）一般ユーザー向けのポータブル・コンピュータ

Jobs was never an easy man to get along with. When he returned to Apple, however, he was able to build a team of top managers who were tough, calm, and talented enough to work with him, despite his difficult character. Jobs believed that big companies started failing when they hired too many "B players" or "bozos." Jobs wanted only "A players" on his team.

The A Team: Jonathan Ive

One of the most important A players was Jonathan Ive, the young head of the company's design team.

Ive was British. His father was a silversmith who had taught him to enjoy making things with his hands. Ive had first used a Mac at design school. He said he felt a "connection" with it.

After leaving college, Ive helped set up a design agency called Tangerine in London. When Tangerine did a job for Apple, Apple liked Ive's work so much that the company hired him in 1992.

Ive became head of design at Apple in 1996, but he wasn't happy. There was too much focus on making money, and not enough focus on good design. He was planning to leave Apple, when one day Jobs came into the studio. The two men started talking. Like Jobs, Ive was a big fan of German design, especially Dieter Rams.

- get along with （人）と付き合う ■ despite 前 〜にもかかわらず ■ B player （一番仕事ができるA playerに比べて）少し劣る人材 ■ A player 一番仕事ができる人材
- silversmith 名 銀細工師

ジョブズは、人と決してうまくやってゆけるタイプではない。しかし、彼がアップルに戻ってきたとき、ジョブズの難しい性格をものともせず、我慢強く、冷静に、ジョブズといっしょに仕事ができる人材で経営陣を形成することができたのだ。ジョブズは、大企業が過度に「Bクラスの人間」、または「間抜けな人間」を雇いはじめたとき、その会社は衰退すると信じていた。ジョブズは、「Aクラスの人材」だけを自分のチームに入れたのだ。

Aチーム：ジョナサン・アイブ

　Aクラスプレーヤーの中でも最も重要とされていたのが、デザインチームを率いる若きジョナサン・アイブであった。

　アイブはイギリス人で、銀細工の職人だった父親から、自分の手で物を作ることの喜びを叩き込まれていた。デザインスクールに通っていたときに、初めてマックに出会ったアイブは、まさにマックに何か「つながり」のようなものを感じたと言う。

　大学を出たアイブは、ロンドンでタンジェリンというデザイン・エージェンシーの設立を手伝った。タンジェリンが、アップルの仕事を請け負ったとき、アップルがアイブの仕事ぶりに感動し、1992年に彼を雇い入れたのである。

　アイブは、1996年にはアップルのデザイン部門のトップに昇進した。しかし彼はさほど嬉しくはなかった。収益にばかり重きが置かれ、じっくりとデザインに集中することができなかったからだ。ある日、ジョブズが彼の作業場に入ってきたとき、アイブはアップルを辞めようと思っていたところだった。二人は話をはじめると、アイブはジョブズと同じく、ドイツのデザインが大好きで、特にディーター・ラムスのファンだったことがわかった。

Jobs and Ive liked each other immediately. Jobs had been planning to hire a new design chief, but he changed his mind. Ive was the right man! Jobs and Ive agreed that unlike other companies where the engineers controlled product design, at Apple the designers should be in charge. They also agreed that design was not just about what a product looked like. Design was about how a product worked, about the whole customer experience.

🎧 29 The iMac

The first product that Ive and Jobs created together was the iMac. The idea was to make a computer that looked "different." Most desktop computers were heavy, ugly, beige things. The iMac was shaped like an egg or gumdrop. It looked friendly and playful.

The original Bondi Blue iMac

Jobs and Ive chose a see-through blue case for the iMac. These blue cases were not cheap, but they gave the computer a special charm. Even people who were afraid of technology would not be afraid of an iMac.

■ product design 製品デザイン ■ customer experience 顧客満足体験 ■ ugly 形 醜い、ぶかっこうな ■ beige 形 ベージュ色の ■ gumdrop 名 ガムドロップ（菓子） ■ see-through 形 透けて見える ■ charm 名 魅力、魔力

彼らはすぐに意気投合した。ジョブズはデザインチームを率いる新しい人物を雇おうとしていたが、考え方を変える。アイブこそが求めていた人材だ！ジョブズとアイブは、他の企業のように技術者の意見でデザインを決定するのではなく、アップルではデザイナーが責任を持っていこうと合意した。二人はまた、製品の見栄えだけがデザインではないという点でも考えを同じくしていた。デザインは製品の機能にも関係するし、顧客がどんな体験をすることができるかということにも直結するものだ。

iMac

　アイブとジョブズが、一緒に作り上げた最初の製品は、iMacだった。見た目からして「違う」コンピュータをつくろうというのが計画だった。デスクトップ・コンピュータといえば、ずっしりとして不格好で、色はベージュというのが定番だった。しかし、卵かガムドロップみたいな形をしたiMacは、使いやすそうで、遊び心もいっぱいだ。

　ジョブズとアイブがiMac用に選んだのは、中が透けて見えるブルーのケースだった。ブルーのケースは安くはなかった。でもこれによりiMacはとても魅力的なものになった。テクノロジーが苦手な人でも、iMacなら怖くない。

The iMac went on sale in August 1998, a year and a half after Jobs returned to Apple. It sold 800,000 units before the end of the year and was Apple's best-selling computer up to that time. "Thinking different" was working!

🎧 30 The A Team: Tim Cook

Another important member of Jobs's new management team was Tim Cook. Cook had worked at companies like Compaq and IBM before joining Apple. He was an expert in procurement and supply chain management. He was also a very hard worker who often sent e-mails at 4:30 in the morning. In contrast to Jobs, he was very quiet and calm.

Cook closed more than half of Apple's warehouses, cut the number of suppliers from 100 to 24, and outsourced all manufacturing. Apple became a much more profitable and efficient company.

🍎

- go on sale 発売される ■ procurement 名調達 ■ supply chain management 供給連鎖管理、SCM ■ in contrast to ～と対照的に ■ warehouse 名倉庫
- outsource 動（業務を）外注する ■ manufacturing 名製造 ■ efficient 形効率的な

iMacは、ジョブズがアップルに復帰して一年半後の1998年8月に発売開始となり、その年の暮れまでに80万台が売れ、それまでのアップルのベストセラー記録を塗り替えた。「Think Different　発想を変えよう」のスローガンは確かに人々に受け入れられたのだ。

Aチーム：ティム・クック

ジョブズの新経営陣で重要な人材がもう一人いた。ティム・クックだ。クックは、アップルに来る前は、コンパックやIBMといった会社に勤務しており、部品調達から製造・流通・販売までの製品がたどる行程を熟知していた。またクックは、午前4時30分にメールを送信するほど働き者だった。ジョブズとは対照的に、彼はとても落ち着いた、静かな人物だった。

クックは、アップルが所有する倉庫の半分以上を閉鎖し、部品などの納入業者も100から24に減らした。そして、製造過程の多くを外部委託したことで、アップルはより収益率が高く、効率のよい企業となった。

The A Team: Ron Johnson

Jobs had noticed that the way computers were sold was changing. In the early days, they were sold in small specialist stores run by people who loved computers. Now most of them were sold in ugly "big box" stores on the edge of town. The clerks in these stores didn't know much about technology. They certainly could not tell you what was special about a Mac.

That was why Jobs hired Ron Johnson from Target, the second-largest retailing chain in the U.S. Together, Jobs and Johnson would change the way computers were sold. They talked about how to make the best store possible for Apple products. They decided they wanted to sell Macs in big shops in smart locations in the middle of town. They also wanted the stores to look good with simple, minimalist design. Adding a "Genius Bar," where people could get advice on using their Apple products, was another new concept. Johnson got the idea from the concierge service at five-star hotels.

■ clerk 图店員 ■ retailing chain 小売業チェーン ■ minimalist 图ミニマリズムの、必要最低限度の ■ concierge service 接客サービス

Aチーム：ロン・ジョンソン

　ジョブズは、コンピュータの販売方法も変化してきていることに気付いていた。昔、コンピュータが世に出はじめた頃、コンピュータを販売していたのは、コンピュータ好きの専門店だった。それが今では、町外れにある面白みもない大型量販店で販売されている。そんな店の店員たちは当然テクノロジーについても大して知らず、もちろん、Macの良さを説明することなどできるはずもなかった。

　そこで、ジョブズは、アメリカ第2の小売店チェーン、ターゲットからロン・ジョンソンを引き抜いた。ジョブズとジョンソンは協力してコンピュータの販売方法を変革しようとした。アップルの製品を販売するために最適な店舗をどうやってつくろうかと話し合った。その結果、街の中心のおしゃれな場所にある大型店で売りたいと考えたのだ。店舗もシンプルで、ごちゃごちゃしていないカッコいいものにしたいと考えた。「ジーニアス・バー」を設けて、そこで客がアップル製品についてのアドバイスを受けられるようにするというのも新案だった。ジョンソンは、五つ星ホテルのコンシェルジュから、そのアイデアを思いついたのだという。

Building—and rebuilding—a prototype

Millard Drexler, CEO of The Gap clothing chain, also gave Jobs some good advice about designing a store. "Build a model store where you can test all sorts of layouts," he said. So, in 2000, Apple built a prototype store inside a warehouse near the head office. The team met there once a week for six months to refine the store's look.

In the beginning, the store was arranged by product lines with different sections for the different kinds of computers. But just when everyone thought the design was finished, Johnson woke up in the night with a new idea. Shouldn't they organize the store by themes like music, photos, or movies?

Jobs agreed with Johnson, and they reorganized the store layout at the last minute. People often said this was something special about Apple. Other companies were happy to do things that were just okay. Apple always wanted to be 100% perfect. That's why the company would often "rewind" and make last-minute changes to get everything just right.

■ layout 図配置、レイアウト ■ reorganize 動再編成する ■ at the last minute 間際になって ■ rewind 動巻き直す ■ last-minute change 土壇場での変更 ■ get ~ right ～をちゃんとやる

つくって ── さらに改善した試作品

　衣料品チェーンGapのCEOであるミラード・ドレスラーも、ジョブズに店舗デザインについてのアドバイスをくれた。「店内レイアウトをいろいろと試せるようなモデル店をつくったらどうでしょう」彼はそう言った。そこで、2000年に、アップルは本社近くの倉庫内に実験店舗をオープンした。チームのメンバーは6ヵ月にわたって週に一度そこに集まり、店舗の外観や内装などに磨きをかけていった。

　最初の店舗は、コンピュータの種類ごとにスペースを分け、製品を並べていた。しかし、誰もが店舗デザインがほぼ完了したと思っていたところ、ジョンソンは夜いきなり目覚め、新しいアイデアを思いついた。コンピュータを音楽、写真、または映画といったテーマ毎に並べるべきではないのか？

　ジョブズはジョンソンの考えに同意した。彼らは最後の最後に店舗のレイアウトをやり直したのだ。これがまさにアップルのすごいところだと言われている。他の企業であれば、そこそこ良いできであれば満足する。しかし、アップルは常に100パーセント完璧であることを求めた。それ故に、アップルはよくやり直しを行うが、全てを正しくするためなら最終段階での変更も厭わないのだ。

The first Apple Store opened on May 19, 2001 in McLean, Virginia, a rich suburb of Washington, D.C. By the time Steve Jobs died in 2011, there were about 350 Apple Stores worldwide. The store on Fifth Avenue in New York City actually made more money per square foot than any other shop in the world!

The Apple Stores generate only about 15% of Apple's sales. But with their stylish look—plate glass, brushed steel, plain wood, and titanium and glass staircases—and their great customer service, they act as a 3-D advertisement for the brand.

The first Apple store, Tysons Corner in Virginia

Digital hub strategy

Apple's computers were now selling well, so Jobs decided the time was right for a new strategy. He had a vision that the personal computer would become a "digital hub."

■ per square foot 平方フィートあたり　■ plate glass 厚板ガラス　■ brushed steel ブラッシュド スチール（ブラッシュド加工——表面に左右に流れるような研磨あとをつける——したスチール）　■ digital hub デジタルハブ（デジタル製品の中心にあって、それらを接続したり、データを交換したりする機器）

2001年5月19日、アップルストアの1号店が、ワシントンDC近郊の富裕層の住むバージニア州マクレーンという街にオープンした。そして2011年にスティーブ・ジョブズが他界するまでに、世界各地で350店舗のアップルストアがオープンした。ちなみに、ニューヨークの5番街にあるアップルストアは、1フィート四方の収益では、他のどの店舗も抜いて世界一である。

　アップルストアの営業実績はアップル全社の15%にすぎない。しかし、ガラス張りで、つや消しのスチール、白木が使用され、さらにはチタンとガラスでできた階段が目を引くスタイリッシュな店舗では、専門スタッフによるケアまで受けられ、店舗はまさに3D広告としての役目を果たしているのだ。

デジタルのハブとなる戦略

　アップルコンピュータの販売は順調だった。そこでジョブズは、これぞ好機と、次の手に打って出た。彼は、将来パソコンが「デジタルのハブ」になるだろうと考えていた。

What does "digital hub" mean? Originally, people used computers for practical things like writing letters or doing accounts. But in the future, Jobs believed they would start using their computers to have fun and be creative. The movies people recorded with their video cameras, the photos they took, the songs they downloaded—everything would be on their computers.

In 1999, Apple started releasing software to help people manage their personal multimedia content. These were products like iMovie (to edit home video), iTunes (to manage music), and iPhoto (to touch up and store photos).

The birth of the iPod

iTunes made it easy to manage and listen to music on your computer at home, but what about in the car or in the gym? There weren't any good portable MP3 music players available back then. They were difficult to use and held very few songs.

The first iPod

Jobs always loved music. His favorites were Bob Dylan, the Beatles, and the Rolling Stones. He wanted Apple to make a portable music player that was easy to use and could hold many songs.

■ practical 形実用的な　■ do accounts 帳簿をつける　■ touch up（修正を加えて）改良する　■ gym 名体育館、スポーツクラブ

「デジタルのハブ」とはどういう意味だろうか？　元々人々はコンピュータを、手紙を書いたり、会計処理をしたりと実用的なものとして使用していた。しかし、ジョブズは将来、人々がコンピュータを娯楽や創作活動をするために使う日が来るだろうと信じていた。ビデオカメラに収めた動画、撮影した写真、ダウンロードした音楽など、全てを自分のコンピュータで処理できるようになるのだと。

1999年、アップルは個人で所有する音声や映像などを処理できるソフトをリリースした。iMovie（ホームビデオの編集）、iTunes（音楽を取り込む）、そしてiPhoto（写真を修正したり保存したりする）である。

iPodの誕生

iTunesの登場によって、自宅のコンピュータで音楽を購入・保存、そして聞くことが簡単にできるようになった。でも、車の中やジムではどうだろうか。その当時はまだちょうどいい携帯MP3プレーヤーがなく、入手可能なものは操作が難しくて、保存できる曲数も限られていた。

ジョブズは音楽好きだった。ボブ・ディラン、ビートルズ、そしてローリング・ストーンズがお気に入りで、そんな彼はどうしても、操作が簡単で、楽曲もたくさん保存できる携帯音楽プレーヤーをつくりたかったのだ。

Jobs often went to Japan to see the latest technologies Japanese companies were developing. In February 2001, on a visit to Toshiba, he was shown a very small 5-gigabyte hard drive. 5G was enough to hold 1,000 songs!

Jobs wanted the new music player to be in stores by Christmas 2001. That meant it had to be ready to present to the press by October. Everyone had to work hard because there was so little time.

To make the player easy to use, Apple invented the Click Wheel. The Click Wheel made it easy to scroll through long lists of songs. Jobs also insisted that it should be possible to do whatever you wanted with a maximum of three clicks.

Jonathan Ive, the designer, had his own ideas about how to make Apple's music player different and stylish. He wanted to make the whole thing white—not just the player, but the headphones, too.

Apple called the new machine an "iPod." When Jobs presented it to the public on October 23, 2001, he pulled it out of his pocket to show how small it was.

The iPod was small, but at $399, it wasn't cheap. Still, it became a big hit, in part because of a great advertising campaign. Black silhouettes danced against colorful backgrounds while holding a white iPod with white wires that went up to their ears. The tagline was "1,000 songs in your pocket."

■ gigabyte 名ギガバイト（＝1,024メガバイト）　■ click wheel クリックホイール（iPodシリーズに搭載されている操作インターフェース。ドーナツ状のタッチパッドの中心に円形のボタンが配置され片手で様々な操作が可能）　■ scroll 動（コンピュータで）スクロールする　■ go up to 〜まで行く　■ tagline 名キャッチフレーズ

彼はしばしば日本に行き、日本企業が開発している最新の技術を見学した。2001年2月、東芝を訪ねたとき、彼は5ギガバイトの極めて小型のハードドライブを見せられた。5ギガバイトあれば、1000曲を優に保存できるではないか！

ジョブズは、新しいミュージックプレーヤーを2001年のクリスマスまでには完成させたかった。そのためには10月までにマスコミにリリースできるようにしなければならない。ほとんど時間がない中で、誰もが必死で働いた。

ミュージックプレーヤーを扱い易くするために、アップルは、「クリックホイール」を発明した。「クリックホイール」によって、延々と続く曲名リストを簡単にスクロールできるようにした。ジョブズは3回のクリックでどんなことでもできるようにすべきだとも言って、譲らなかった。

デザイナーのジョナサン・アイブは、アップルのミュージックプレーヤーは他とは異なるスタイリッシュなものにしたいという独自のアイデアを持っていた。彼は、プレーヤーだけではなく、ヘッドホンまですべて白くしようと考えていたのだ。

アップルは、この新しいマシンをiPodと名付けた。2001年10月23日にジョブズは、この新製品をポケットの中から取り出して、どんなに小さいかを聴衆に披露してみせた。

iPodは小さかった。しかし、399ドルと決して安いものではない。それでも、さすがの広告キャンペーンがものをいい、iPodはビッグヒットとなった。カラフルな背景をバックに、黒いシルエットがポーズを決める。その手には白いiPod、そして白いコードが耳に繋がっている。キャッチフレーズは、「1000曲をポケットに」。

Once again, Jobs had found success by integrating hardware and software, technology and entertainment.

The iTunes Store

As a music lover, Jobs was worried about piracy. With people downloading music from the Internet, musicians were not getting paid for their work anymore.

The record companies had tried to solve the problem by setting up online music stores like PressPlay (Sony and Universal) and MusicNet (Warner, EMI, Bertelsmann). But they were not very good services because they offered too few songs and didn't allow people to keep them.

Jobs thought that people didn't *want* to steal music but just couldn't get it any other way. He believed that people would buy music if he made the process easy. Jobs created the online iTunes Store to help people get the music they wanted and to pay the musicians who had created that music.

■ integrate 動統合する、一体化する　■ piracy 名著作権侵害　■ online 形オンラインの、ネットワーク上の　■ steal 動盗む　■ get it 了解する、納得する

ジョブズは、ハードウェアとソフトウェア、技術と娯楽を融合させることで、再び成功を勝ち取ったのだ。

iTunes ストア

　音楽愛好家でもあるジョブズは海賊版のことを気にしていた。人々がインターネットから楽曲をダウンロードしてしまえば、ミュージシャンは作品から収入を得ることができなくなってしまう。

　レコードメーカーは、この問題を有料音楽配信サービスをオープンすることで解決しようとした。ソニーとユニバーサルによるPressPlay、ワーナーとEMI、そしてベルテルスマンによるMusicNetなどがそれにあたる。しかし、そうしたサービスには限界があった。提供する楽曲の数があまりにも少なく、その上、それらを所有することも認めていなかったからだ。

　ジョブズは、一般の人は決して著作権を侵害したいのではなく、曲を保存するにはそれしかやり方がないのだろうと考えた。そして、彼は、プロセスさえ簡単であれば、人は音楽を買ってくれると信じていた。そこで、ジョブズはオンラインのiTunesストアをオープンし、人々が欲しい曲を手にいれ、かつミュージシャンにも著作権料が支払われるシステムを開発した。

To make sure that the iTunes Store would offer a large number of songs, Jobs made deals with most of the big record companies. Because Apple only had 5% of the computer market in those days, the record companies did not think the company would become a big competitor.

When the iTunes store was introduced on April 28, 2003, it had 200,000 songs on offer. The songs were sold for 99 cents each.

Within one week, Apple sold six million songs. The iTunes Store went on to sell 1 billion songs by February 2006, 10 billion by February 2010, and 15 billion by June 2011! Apple is now the world's No. 1 music retailer.

Music takes off

Apple started introducing new models of the iPod. Small, lightweight models like the Mini (January 2004), Shuffle (January 2005), and Nano (September 2005) were very popular with joggers and gym users and pushed Apple's market share to above 70%.

Musicians were also interested in the iPod as a marketing tool. In 2004, the Irish pop "supergroup" U2 asked Apple to help promote their new single "Vertigo." They realized that Apple technology would increase their appeal to younger fans.

■ make sure 確実にする　■ in those days 当時は　■ retailer 图小売り業者、小売店　■ take off 離陸する、出発する　■ jogger 图ジョギングする人　■ appeal 图魅力

iTunesストアで、たくさんの曲を扱えるようにするために、ジョブズはほとんどの大手のレコード会社と契約をした。アップルは当時コンピュータ市場の5％ほどのシェアしかなかったため、レコード会社は将来アップルが大きな競争相手になるとは思っていなかった。

　iTunes ストアが2003年4月28日にオープンしたとき、選べる楽曲は20万曲。1曲99セントで販売された。
　1週間もしないうちに、アップルは600万曲を売り上げた。2006年2月には、iTunes の売り上げは1000億曲となり、2010年2月までに1兆曲、そして2011年には1兆5000億曲が販売された。アップルはいまや世界第一位の音楽販売店に成長したのである。

音楽の飛翔

　アップルは、iPodの新しいモデルを発売する。2004年1月に発売されたMini、2005年1月のShuffle、そして2005年9月のNanoのように、小さく軽いモデルは、ジョギングをする人や、ジムに通う人に大人気で、アップルのマーケットシェアを70％以上に引き上げた。
　ミュージシャンたちは、iPodをマーケティングツールとして活用しようとする。2004年、アイルランドの超人気ポップグループU2が、『ヴァーティゴ』という新しいシングル曲をプロモーションしてほしいとアップルに申し入れた。曲の魅力を若いファンに知ってもらうには、アップルの技術が最適と知っていたのだ。

U2 were in a commercial for iPod, but they did not get an appearance fee. They were going to earn money in two other ways. First, the commercial would help their new record sell. Second, Apple had designed a special U2 black and red iPod, and the band members were getting a royalty for every one that was sold.

37 Shadows of cancer

In 1997, when Jobs was running both Apple and Pixar at the same time, he worked very, very hard. He got so tired that he developed kidney stones. In October 2003, his doctor asked him to get a kidney scan.

The scan showed that his kidneys were fine but that there was a shadow on his pancreas. When the doctors checked his pancreas, they found a cancer tumor. All Jobs's friends advised him to have an operation as soon as possible, but as a true hippie, he wanted to try "alternative" therapies first.

He started a special diet (no meat, fish, eggs or dairy products, and only carrot juice and fruit juice to drink). He also had acupuncture and herbal medicine treatments. Nine months later, in July 2004, Jobs had a second scan. The tumor had got bigger.

■ appearance fee 出演料、ギャラ ■ royalty 图印税 ■ kidney stone 腎臓結石
■ pancreas 图膵臓 ■ tumor 图腫瘍 ■ alternative therapy 代替療法 ■ dairy product 乳製品、酪農製品 ■ herbal medicine treatment 植物薬による療法

U2はiPodのコマーシャルに起用されたが、出演料はもらわなかった。その代わり、コマーシャルに出ることで、U2のレコード売り上げは伸びるということ、さらにアップルは特別に黒と赤のU2仕様のiPodを製作したので、それが1台売れるたびに、彼らには印税が入る仕組みになっていた。

癌の影

　1997年、ジョブズがアップルとピクサーを同時に経営していたころ、彼はともかく必死で働いていた。彼は過労から、腎臓結石を患ってしまう。2003年10月、医師は彼に腎臓を検査するように勧めた。

　検査の結果、腎臓は問題なかったが、膵臓に影がみつかった。さらに膵臓をチェックしたところ、そこに癌腫瘍がみつかってしまう。ジョブズの友人は皆、いそいで手術を受けるようにすすめるが、生粋のヒッピーとして、ジョブズはまず「代替療法」を選択したのだった。

　肉、魚、卵、乳製品をとらずに、ニンジンジュースとフルーツジュースだけを飲む特別な食事にし、針治療や薬草治療に専念した。9ヵ月経った2004年7月、ジョブズは膵臓を再び検査した。癌は大きくなっていた。

Finally, Jobs had an operation. When the doctors cut out part of his pancreas, they found that the cancer had spread to his liver. Jobs told everybody he was okay now, but he had to start having chemotherapy.

Jobs was very strong-willed and always did exactly what he wanted. Some people think that if he had taken other people's advice and had the operation earlier, he might still be alive today.

Jobs's thoughts on death

The year after his operation, Steve made a speech at Stanford University. He talked to the students about what death meant to him.

> *For the past 33 years, I have looked in the mirror every morning and asked myself: "If today were the last day of my life, would I want to do what I am about to do today?" And whenever the answer has been "No" for too many days in a row, I know I need to change something.*

■ cut out 切り取る　■ liver 名肝臓　■ chemotherapy 名化学療法
■ strong-willed 形断固とした　■ in a row 連続して

結局ジョブズは手術を受けた。膵臓の一部を切除したとき、医者はすでに癌が肝臓に転移していることを発見した。ジョブズは、これで大丈夫だ、と周囲には言ったものの、化学療法をはじめなければならなかった。
　ジョブズは、強い意志の持ち主で、自らが思うことは常に実行した。もし他人のアドバイスを受けて、彼がもっと早く手術を受けていたなら、ジョブズは今でも生きていたのではないかと言う人もいる。

ジョブズの死への考え

　手術の翌年、スティーブは、スタンフォード大学で行ったスピーチで、学生たちに向けて死が彼に意味することについて話をした。

　33年にわたって、毎朝鏡を見ながら自分に問いかけ続けた。もし、今日が人生最期の日であるなら、今日やろうとしていることは、本当にしたいことだろうかと。その答えが「No」である日があまり続くと、何かを変えなければいけないと気づくのです。

Remembering that I'll be dead soon is the most important tool I've ever encountered to help me make the big choices in life. ... Remembering that you are going to die is the best way I know to avoid the trap of thinking you have something to lose. You are already naked. There is no reason not to follow your heart.

Your time is limited, so don't waste it living someone else's life. Don't be trapped by dogma — which is living with the results of other people's thinking. Don't let the noise of others' opinions drown out your own inner voice. And most important, have the courage to follow your heart and intuition. They somehow already know what you truly want to become.

The success of Pixar

Apple was doing well, and so was Steve's other company, Pixar. After *Toy Story*, it produced *A Bug's Life* in 1998, *Toy Story 2* in 1999, *Monsters, Inc.* in 2001, *Finding Nemo* in 2003, and *The Incredibles* in 2004. All these films earned millions of dollars, with *Finding Nemo* making $870 million worldwide.

■ encounter 動（思いがけなく）出会う　■ trap 名わな、落とし穴　■ naked 形裸の、むき出しの　■ waste 動〜を無駄にする　■ dogma 名教義、ドグマ　■ drown out （大きな音が小さな音を）かき消す　■ intuition 名直感、洞察

そう遠くない将来自分は死ぬんだと覚えておくことは、人生の大きな決断を下すときの最高の手段でした。そして、自分もいつかは死ぬんだと覚悟しておくことは、何かを失うかもしれないと畏れる罠にはまらないための、私が知っているベストの方法です。あなたはすでに真っ裸なんです。自分の心に思ったことをやらない理由なんてないんです。
　皆さんの時間には限りがあります。ですから誰か他の人の人生を生きることで、それを無駄にしないでほしいのです。他人が考えたことの結果に従って生きる、そんな教義に捉れてはいけません。あなたの内なる声を、他人の雑音にかき消されてしまわないように。最も大切なことは、自らの心と直感に従うことです。あなたの心と直感は、あなたが本当になりたいと思っていることを何となく分かっているものなのです。

ピクサーの成功

　アップルは好調だった。そしてスティーブのもう一つの会社ピクサーもうまくいっていた。『トイ・ストーリー』のあと、1998年に『バグズ・ライフ』、1999年に『トイ・ストーリー2』、2001年に『モンスターズ・インク』、2003年には、『ファインディング・ニモ』、そして2004年には『Mr. インクレディブル』と製作が続いた。全ての映画は多額の収益をもたらし、特に『ファインディング・ニモ』は世界で8億7000万ドルの売り上げをもたらした。

Pixar's partner, Disney, was not having much success with its own animated films, so when Bob Iger became Disney CEO in 2005, he decided to buy Pixar. Disney paid $7.4 billion dollars for the company. Because Disney paid with stock, Jobs became Disney's biggest shareholder with 7% of the company.

Jobs was careful to protect Pixar's independence after the takeover. He was worried that if it just became a part of a big corporation, it might lose its magic. Disney had bought Pixar, but Pixar controlled the Disney animation department. Pixar also kept its own offices separate from Disney.

The origins of the iPhone

Jobs noticed that people had stopped using point-and-shoot digital cameras. Why? Because everyone was taking pictures with the cameras in their mobile phones. Jobs realized that the same thing could happen to Apple's iPod. If somebody built a mobile phone with a good music player, iPods could stop selling very fast.

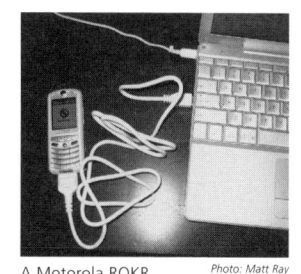

A Motorola ROKR cell phone
Photo: Matt Ray

- shareholder 名株主 ■ independence 名自立 ■ takeover 名支配権の取得
- origin 名起源、出自 ■ point-and-shoot 形オートフォーカス、自動露出の
- mobile phone 携帯電話

一方で、ピクサーのパートナーであるディズニー自作のアニメーション映画はあまりうまくいっていなかった。そこで、2005年にボブ・アイガーがディズニーのCEOになると、彼はピクサーを買収することを決心した。この買収で、ディズニーは74億ドルを支払った。ディズニーは自社株でこれを支払ったため、ジョブズはディズニーの最大株主、全株の7％を取得することになったのだ。

　買収のあとも、ジョブズはピクサーが独立性を保てるよう気を使った。彼は、もしピクサーが大企業の一部門になってしまったら、その天賦を失うことになると考えていた。ディズニーはピクサーを買収しはしたが、ディズニーのアニメーション部門をコントロールするのはピクサーだった。さらにピクサーは、ディズニーとは別の場所に自分のオフィスを持つことも許された。

iPhoneのはじまり

　ジョブズは、人々がオートフォーカスのデジタルカメラを使わなくなっていることに気がついた。なぜだろう？　それは誰もが携帯電話のカメラ機能で写真を撮っているからだった。ジョブズは、似たことがアップルのiPodにも起こりうるだろうと直感した。もし誰かが、携帯電話と質の良いミュージック・プレーヤーが融合したものを開発したら、iPodは急速に売れなくなるだろうと危惧したのだ。

Most companies don't want to make new products that compete with their existing products. But Jobs knew that if Apple didn't make a music mobile phone, some other company would.

So Apple teamed up with Motorola, a telecommunications company, to make an iTunes phone called the ROKR ("rocker" as in "rock'n'roll"). The reaction when it came out in September 2005 was quite negative. Transferring songs from a computer to the ROKR phone was slow, and the phone could only hold 100 songs.

41 Do it yourself

Jobs decided that Apple could make a better mobile phone than any phone company. While working with Motorola, Apple also started developing its own mobile phone.

In the beginning, the Apple team members were not sure how to design their phone. Should they use the same Click Wheel as on the iPod? Or would a touchscreen be better?

After a few months, they decided on touchscreen technology. Jobs bought a company called FingerWorks that had been founded by two scientists from the University of Delaware. They had developed multi-touch technology that responded to the way people moved their fingers on the glass.

■ compete 動 競争する　■ existing 現存する　■ team up with ～と提携する
■ as in ～にあるような　■ touchscreen 名 タッチパネル　■ respond 動 応答する

多くの会社は、自社製品同士で競合するような製品はつくりたがらない。しかし、ジョブズはもしアップルがミュージック・プレーヤーの機能を持つ携帯電話をつくらなかったら、他社のどこかがそれをやるであろうということにすでに気付いていた。

　そこで、アップルは、電話会社のモトローラとチームをつくり、ROKR（ロッカー）というiTunes電話の開発にとりかかった。ROKRとは、ロックンロールを短縮した名前だ。2005年にそれが発表されたときの市場の反応は極めて悪かった。コンピュータからROKRに音楽を転送するのに時間がかかり、しかも100曲しか保存できない。

自分の力で

　ジョブズは、アップルはどの電話会社より、質のいい携帯電話を作ることができると確信していた。モトローラと共同で開発している間、アップルは自前の携帯電話を開発しはじめていたのである。

　最初の頃、アップル側の開発チームのメンバーは、電話のデザインをどのようにするか決めかねていた。iPodと同じようなクリックホイールを使用するのか、それとも、タッチスクリーンの方がよいのか。

　数ヵ月の後、彼らはタッチスクリーンの技術を応用しようと決心する。ジョブズは、フィンガーワークスというデラウェア大学の2人の科学者が設立した会社を買収した。彼らは、ガラス上で指を動かすと、それに反応するマルチタッチ方式の技術を開発したのだった。

A completely new design

Having multi-touch meant that Apple's phone would not need a keyboard. It would have the simplicity Jobs always aimed for. But that wasn't enough. Jobs also wanted a design that felt completely different from that of other mobile phones.

In those days, most cell phones felt cheap, light, and plastic. Jobs wanted to make the Apple phone feel special. He decided that a glass screen would make the phone more elegant, but because people often drop phones, Apple needed glass that would not break easily.

Jobs heard about a company in New York called Corning Glass. Corning had developed a very strong glass called "gorilla glass" in the 1960s. No one had wanted the glass, so the company was not making it.

Jobs ordered tons and tons of gorilla glass from Corning. The boss of Corning was shocked. "We don't have any factories that are making it," he said. "We can't do it."

■ aim for 〜を目指す　■ plastic 形 見せかけだけの　■ elegant 形 上品な、優雅な

まったく新しいデザイン

　マルチタッチ方式にするということは、アップルの電話にはキーボードは要らないということになる。それはジョブズが常に求めてきた「シンプルさ」に合致する。しかし、それだけでは充分ではなかった。ジョブズは、他の携帯電話とは全く異なるデザインを求めていた。

　当時の携帯電話はどれも安っぽい見せかけだけの貧弱なものだった。アップルの携帯電話はそんなものではなく、他にはない仕上げにしたかった。彼は、スクリーンをガラスにすることで、電話をもっとエレガントなものにできるのではないかと思ったのだ。しかし、携帯電話は落としやすい。そこでアップルは割れにくいガラスを調達しなければならなかった。

　ジョブズは、ニューヨークにコーニング・ガラスという会社があることを知っていた。コーニングは、「ゴリラ・ガラス」という強度の高いガラスを60年代に開発済みだった。しかし、そのガラスの買い手は全くなく、会社は製造を中止していた。

　ジョブズは、膨大な量のゴリラ・ガラスをコーニングに注文した。するとコーニングの経営者はびっくりして、「このガラスを製造できる工場はないんだ。製造はできない」と伝えてきた。

Jobs looked the boss of Corning in the eye. "Don't be afraid. You can do it," he said. Jobs did not believe that anything was impossible. If you wanted something to happen, you could make it happen. His charisma worked. The boss of Corning agreed, and in less than six months, his company was manufacturing a glass they had never mass-produced before.

43 The launch of the iPhone

Steve Jobs launched the iPhone at Macworld in January 2007. As usual, he made a great presentation.

Three generations: iPhone original, 3G and 3GS (left to right)

> *Every once in a while a revolutionary product comes along that changes everything. Apple has been able to introduce a few of these into the world. In 1984 we introduced the Macintosh. It didn't just change Apple, it changed the whole industry. In 2001 we introduced the first iPod, and it didn't just change the way we all listened to music, it changed the entire music industry.*

■ every once in a while たまに、時々 ■ come along 現れる

ジョブズは、コーニングの経営者の目を見て言った。「心配ご無用。きっとできますよ」　ジョブズには不可能という言葉はなかった。実現させようと望めば、実現させられるのだ。彼のカリスマ性がコーニングを動かした。そして6ヵ月もしないうちに、コーニングはそれまで一度もしたことのないガラスの大量生産をしたのであった。

iPhoneの発表

　スティーブ・ジョブズは、2007年1月のマックワールドで、iPhoneを発表した。いつもながら、彼のプレゼンテーションは見事だった。

　　時として、何もかもを変えてしまうような革新的な製品が生まれる。アップルは、今までにもそんな製品のいくつかを世界に紹介してきた。1984年に発表したマッキントッシュは、アップルを変えただけでなく、産業自体を変えてしまった。2001年に、我々は初めてiPodを発表した。それは我々の音楽の聴き方を変えただけではなく、音楽業界全体を変革したのだ。

> Today we're introducing THREE revolutionary products of this class. The first one is a widescreen iPod with touch controls. The second is a revolutionary mobile phone. And the third is a breakthrough internet communications device.
>
> These are not three separate devices, this is one device, and we are calling it iPhone.

People said the $500 iPhone was too expensive, just like the iPod. But just like the iPod it was very, very popular.

A liver transplant

One year later, Steve introduced the iPhone 3G at the Worldwide Developers Conference in June 2008. The audience liked the new phone, but they were shocked at how thin Steve was. Because of the cancer, it was difficult for him to eat. Finally, in January 2009, he had to stop going to work at Apple.

■ touch control タッチ操作　■ breakthrough 形 画期的な　■ transplant 名 移植
■ thin 形 薄い、細い、やせた

今日、我々はマッキントッシュ、iPodに匹敵する3つの製品を発表する。最初はタッチコントロール式のiPodのワイドスクリーン版。そして二つ目は革新的な携帯電話。最後に、インターネットでのコミュニケーションを大きく飛躍させる機器。
　これらは3つの別々の製品ではない。それは一つのもの ── iPhoneという製品なのだ。

人々は、まさにiPodの時のように、500ドルのiPhoneはあまりにも高価だと言った。それでも、iPodと同様、iPhoneも絶大な人気を博すことになる。

肝臓移植

　1年後の2008年6月、ジョブズはワールドワイド・デベロッパーズ・コンファレンスで、iPhone 3Gを発表した。誰もがその新しい電話を気に入ったのは良かったが、ジョブズのやせ細った姿には激しいショックを受けた。癌によって、彼は食物をなかなか摂取できなくなっていたのだ。2009年1月、ついに彼はアップルで働くことができなくなってしまう。

His doctors told him he needed a liver transplant. They put his name on the waiting list for a liver in California, the state where he lived, and also in Tennessee. (To get on the waiting list for a transplant, you need to be able to reach the hospital in eight hours. Because Jobs had a plane, he could get to Tennessee quickly, even though it was 3,400 kilometers from his home.)

Jobs was very weak when the phone rang on March 21, 2009. "There's been a car accident," the doctor told him. "A young man has died, and you can have his liver." The transplant operation was a success. After three months of rest, Jobs went back to Apple at the end of June.

Jobs was sick, but the company was still busy making amazing new products. The next one to come out was the iPad.

■ waiting list 順番待ちリスト

彼の主治医は、ジョブズに肝臓の移植を勧めた。ジョブズの名前は、彼の住むカリフォルニア州とテネシー州で、肝臓を提供してもらうウェイティング・リストに登録された。移植のウェイティング・リストに登録するためには、8時間以内に病院に到着できなければならないが、ジョブズは飛行機を所有していたので自宅から3400キロ離れたテネシーでも迅速に行くことができたのだ。

　2009年3月21日に電話が鳴ったとき、ジョブズはとても弱っていた。「交通事故があってね」と医者が言った。「若者が亡くなったので、その肝臓の移植ができるようになったんだ」移植手術は成功した。3ヵ月休養したあと、ジョブズは6月の終わりにアップルに復帰した。

　ジョブズ自身の体調は優れなかったが、会社は相変わらず世の中をあっと言わせる製品をつくるために動いていた。次に送り出す製品はiPadだった。

The iPad

There are different stories about the origin of the iPad. Some people say that Jobs had the idea for it when he went to dinner with a Microsoft engineer. The man talked for hours and hours about the tablet PC he was making at Microsoft. But the Microsoft tablet used a stylus. Jobs thought people should use their fingers, not a stylus. He was so angry that he decided to make an Apple tablet to show that touch control was better.

Other people say that Jonathan Ive had the idea of a computer with a touchscreen keyboard as the best way to compete with small, light netbooks.

At the January 2010 event where Jobs first showed the iPad, he presented it as a "third category device." The iPad was better than a laptop or a smartphone for things like reading and browsing the Internet.

The first reaction was not that positive. Some journalists said the iPad was just a giant iPhone. But when it went on sale on April 5, it was another big hit. One million iPads sold in the first month.

■ stylus 图 スタイラスペン、タッチペン　■ browse 動 （インターネットの情報を）閲覧する

iPad

　iPadの誕生についてはいくつかのストーリーがある。ジョブズがマイクロソフトの技術者と夕食をともにしたときに思いついたという話もある。その人は、マイクロソフトで開発しているタブレットPCについて何時間にもわたって話し続けた。しかし、マイクロソフトのタブレットは、タッチペンを使用していた。ジョブズはタッチペンではなく、自分の指で動かせるものにすべきだと思っていた。腹を立てたジョブズは、アップルのタブレットで、いかに指での操作が優れているかを証明しようとしたのだ。

　また、別の説としては、小型軽量のノートパソコンに対抗するには、タッチスクリーン式キーボードが向いているという考えをジョナサン・アイブが持っていたからだという人もいた。

　2010年1月のイベントで、ジョブズが最初にiPadを披露したとき、彼はそれを「第3のデバイス」として紹介した。iPadは読んだり、ネットサーフィンをすることにかけては、ノートPCやスマートフォンよりも適していた。

　最初の反応はそれほどよいものではなかった。あるジャーナリストは、iPadはただ巨大なiPhoneに過ぎないと批評した。しかし、それが4月5日に発売されるとまたもやビッグヒットとなった。最初のひと月で100万台のiPadが売れたのだ。

With the iPod, Steve Jobs had changed the music business. Now with the iPad, he was going to change publishing. Magazines and newspapers that had made the mistake of putting their content up for free on the Internet realized they could charge for the same content on the iPad.

Big Brother Apple

In the 1970s and 1980s, Apple was a small, young, and rebellious company fighting against the giant IBM. In the 1990s, it was a small company fighting against the giant Microsoft. But after the year 2000, Apple was getting bigger and more profitable every year.

Apple started to control the content of applications on the iPad and the iPhone. (Pornography and provocative political content were not allowed.) It also refused to have Adobe Flash (software for playing online video) on the iPhone or iPad.

■ put ～ up ～を上げる、揚げる　■ charge（代金を）請求する　■ rebellious 形 反抗的な　■ provocative 形 挑発的な

iPodで、音楽業界を変えてしまったスティーブ・ジョブズ。今、iPadで、彼は出版界を変えようとしている。コンテンツを無料でインターネットにアップするというミスをおかした雑誌や新聞は、iPadでは同じコンテンツを有料で提供できることに気付きはじめたのだ。

独裁者となったアップル

　1970年代、80年代のアップルは小さく、若く、異端児として巨大IBMに闘いを挑んでいた。1990年代になると、アップルは小さな会社としてマイクロソフトと闘っていた。しかし2000年以降、アップルは年々大きくなり、利益をあげていった。

　アップルは、iPadやiPhoneのアプリケーションの中身の管理もはじめた。ポルノや扇動的な政治コンテンツは掲載を許可しなかった。また、iPhoneやiPadでは、オンラインビデオを再生するソフトとして知られるアドビ・フラッシュの搭載を拒絶した。

Then in April 2010, an Apple engineer accidentally left a prototype of the new iPhone 4 in a bar near the company's office. Two men found the phone and sold it to a journalist at Gizmodo, a technology website. The police then raided the house of the journalist. It was big news. Good little Apple had become a bully, a wicked "Big Brother"!

Despite this episode and also some problems with its antenna, the iPhone 4 was another big hit when it came out in June 2010.

Jobs's last act

Toward the end of 2010, Jobs's health was getting worse. He was hardly eating anything. In January 2011, he took medical leave from Apple again.

He started meeting various people for the last time. His visitors included his daughter Lisa, Larry Page of Google, former U.S. president Bill Clinton, and Bill Gates.

In March 2011, even though he was very thin and weak, Jobs did a presentation for the new iPad 2 in San Francisco. In June 2011, he also unveiled iCloud, a remote content storage system.

■ raid 動 急襲する　■ bully 名 いじめっ子　■ wicked 形 悪い、不道徳な
■ episode 名 挿話、出来事　■ hardly 副 ほとんど〜でない　■ unveil 動 明らかにする
■ storage system ストレージシステム

2010年4月、アップルの技術者がたまたま会社の近くのバーに、iPhone 4の試作品を忘れてしまった。それを見つけた二人の男が、テクノロジー関連のウェブサイト、ギズモードのジャーナリストに売りつけた。その後警察が、ジャーナリストの家を捜査する運びとなり、それが大きなニュースとなってしまった。小さく素敵な会社だったアップルが、弱いものいじめをする「独裁者」になったのだと。

　このエピソードに加えて、アンテナ機能でもいくつかの問題が発生したにもかかわらず、iPhone 4は、2010年6月に発売されると、またもや大ヒットとなったのである。

ジョブズの最後の仕事

　2010年の暮れに向けて、ジョブズの健康状態はどんどん悪化していった。ほとんど食べ物を受けつけなくなっていた。2011年の1月、ジョブズは療養のためにアップルを再び去ることになる。

　彼はその最後にあたって、多くの人と会いはじめた。娘のリサ、グーグルのラリー・ペイジ、ビル・クリントン前大統領、そしてビル・ゲイツらがジョブズを訪ねてきた。

　2011年3月、やせ細り、弱りきっていたジョブズだったが、新しいiPad2のプレゼンテーションをサンフランシスコで行った。そして同年の6月には、iCloudというコンテンツをネット上に保存しておくシステムのお披露目をした。

Weak though he was, he was still dreaming of the future. With the famous British architect Sir Norman Foster, Jobs was planning a new headquarters building for Apple. He was also getting a beautiful boat built in the Netherlands for his family.

By July 2011, the cancer had moved into Jobs's bones. Knowing he was going to die soon, he wanted to make sure he chose the best person to lead Apple. As a boy, Jobs had admired Hewlett-Packard. He wanted to build a company that would last a long time, too. Handing over power to the best leader was important.

At a board meeting on August 24, Jobs resigned. He chose Tim Cook to be the next CEO.

48 A great man is gone

Less than two months later, on October 5, 2011, Steve Jobs died at home, surrounded by his family. Apple announced his death with this press release:

■ hand over 引き渡す ■ board meeting 取締役会議 ■ surround 取囲む ■ press release 報道発表

体は弱ってはいるものの、彼はそれでも未来への夢を追いつづけていた。著名なイギリスの建築家であるサー・ノーマン・フォスターと共に、ジョブズはアップルの新しい本部ビルの建設計画を練った。彼はまた、オランダで製造された見事なボートを家族のために入手した。

　2011年7月になると、癌はジョブズの骨を蝕んでいった。死が近いことを知った彼は、アップルを託するに足る最良の人材を選ぼうとした。少年の頃、ジョブズはヒューレット・パッカードに憧れていた。彼は、それと同じように長く生き残る会社をつくりたかった。だからこそ、最適な人物に権限を委譲することは、とても大事なことだったのだ。

　8月24日の役員会で、ジョブズは辞任した。彼が次のCEOとして選んだのは、ティム・クックだった。

偉大な人物の最期

　それから2ヵ月もしない2011年10月5日、スティーブ・ジョブズは、自宅で家族に囲まれながら息を引き取った。アップルはジョブズの死を悼み、次のようなプレスリリースを発表した。

We are deeply saddened to announce that Steve Jobs passed away today.

Steve's brilliance, passion and energy were the source of countless innovations that enrich and improve all of our lives. The world is immeasurably better because of Steve.

His greatest love was for his wife, Laurene, and his family. Our hearts go out to them and to all who were touched by his extraordinary gifts.

On the company website, Apple put up a black and white photograph of Jobs with the following words.

Apple has lost a visionary and creative genius, and the world has lost an amazing human being. Those of us who have been fortunate enough to know and work with Steve have lost a dear friend and an inspiring mentor. Steve leaves behind a company that only he could have built, and his spirit will forever be the foundation of Apple.

■ sadden 動 ~を悲しませる　■ pass away 死ぬ　■ brilliance 名 優れた才能
■ immeasurably 副 計り知れないほどの　■ go out to ~しに行く、出かける　■ leave behind ~をおき去りにする

本日スティーブ・ジョブズが他界したことを、深い悲しみとともにお伝えします。

　スティーブの並外れた才能、情熱、そしてエネルギーは、我々の生活を豊かにし、向上させる数えきれない「イノベーション」の泉であったといえましょう。この世界はスティーブのおかげで、計り知れない恩恵を受けました。

　彼はその深い愛情を妻のローレンとその家族に捧げました。私たちの心は彼らとともに、そして彼の偉大なる才能に心を打たれた全ての人と共にあるのです。

会社のウェブサイトに、アップルは、次のメッセージとともに、ジョブズの白黒写真を掲載した。

　アップルは、先見性にあふれ、創造力に富んだ一人の天才を失った。そして、世界は一人の驚くべき人物を失った。スティーブを知り、一緒に働くという幸運に恵まれた我々は、愛すべき友人と、我々を高みに導いてくれる師を失った。スティーブは、彼だからこそつくり得た会社をこの世に残した。そして、彼の強い精神は、永遠にアップルの礎でありつづけるのだ。

🍎 TOEIC® ・ビジネスで役立つ表現

☐ **talented** [形] 才能のある

> **ex.** The company [=Apple] was doing very badly. Talented people were leaving, and the media suggested Apple might collapse. (p.110, 5行目)

☐ **think differently** 普通とは違う考え方をする

> **ex.** The people who buy Apple products think differently. (p.112, 11行目)

☐ **see-through** [形] 透けて見える, 透明, 半透明

> **ex.** Jobs and Ive chose a see-through blue case for the iMac. (p.118, 14行目)

☐ **procurement** [名] 調達

> **ex.** He [=Tim Cook] was an expert in procurement and supply chain management. (p.120, 7行目)

☐ **supply chain management**
供給連鎖管理, サプライチェーン・マネジメント

> **ex.** He [=Tim Cook] was an expert in procurement and supply chain management. (p.120, 7行目)

☐ **outsource** [動] (製品の生産などを) 外注する

> **ex.** Cook... outsourced all of Apple's manufacturing. (p.120, 11行目)

☐ **generate sales** 売上を出す

> **ex.** The Apple Stores generate only about 15% of Apple's sales. (p.126, 6行目)

☐ **release** [動] (非販売ソフトの場合) 公開する,
　　　　　　　(販売用ソフトなら) 発売する

> **ex.** In 1999, Apple started releasing software to help people

manage their personal multimedia content. （p.128, 7行目）

□ **invent** ［動］ 発明する

> **ex.** To make the player easy to use, Apple invented the Click Wheel. （p.130, 9行目）

□ **piracy** ［名］ 著作権侵害

> **ex.** As a music lover, Jobs was worried about piracy. （p.132, 3行目）

□ **retailer** ［名］ 小売販売業者

> **ex.** Apple is now the world's No. 1 music retailer. （p.134, 10行目）

□ **strong-willed** ［形］ 意志の強い

> **ex.** Jobs was very strong-willed and always did exactly what he wanted. （p.138, 5行目）

［ジョブスの言葉］

Remembering that I'll be dead soon is the most important tool I've ever encountered to help me make the big choices in life.

そう遠くない将来自分は死ぬんだと覚えておくことは、人生の大きな決断を下すときの最高の手段でした。（p.140, 1行目）

Your time is limited, so don't waste it living someone else's life.

皆さんの時間には限りがあります。ですから誰か他の人の人生を生きることで、それを無駄にしないでほしいのです。（p.140, 6行目）

🍎 TOEIC® ・ビジネスで役立つ表現

☐ shareholder [名] 株主
ex. Because Disney paid with stock, Jobs became Disney's biggest shareholder with 7% of the company. (p.142, 4行目)

☐ team up with X　Xとチームを組む、Xと提携する
ex. Apple teamed up with Motorola, a telecommunications company, to make an iTunes phone called the ROKR. (p.144, 4行目)

☐ A means B [動] AはBを意味する
ex. Having multi-touch meant that Apple's phone would not need a keyboard. (p.146, 1行目)

☐ mass-produce [動] 大量生産する
ex. The boss of Corning glass agreed to Jobs's proposal, and in less than six months, his company was manufacturing a kind of glass they had never mass-produced before. (p.148, 4行目)

☐ revolutionary [形] 画期的な、革命的な
ex. Today we're introducing three revolutionary products. (p.150, 1行目)

☐ breakthrough [名] 飛躍的な進歩
ex. The second is a revolutionary mobile phone. And the third is a breakthrough internet communications device. (p.150, 3行目)

☐ realize X [動] Xに気付く
ex. Magazines and newspapers that had made the mistake of putting their content up for free on the Internet realized they could charge for the same content on the iPad. (p.156, 2行目)

☐ rebellious [形] 反抗的な、反逆する
ex. In the late 1970s and 1980s, Apple was a small, young, and rebellious company fighting against the giant IBM. (p.156, 6行目)

4

☐ **refuse** [動] 拒否する, 断る

ex. It [=Apple] refused to have Adobe Flash (software for playing online video) on the iPhone or iPad. (p.156, 12行目)

☐ **despite X** [前置詞] Xにもかかわらず

ex. Despite some problems with its antenna, the iPhone 4 was a big hit when it came out in June 2010. (p.158, 7行目)

☐ **hardly** [副] ①ほとんど～しない, ほとんど～でない ②かろうじて

ex. Jobs's health was getting worse. He was hardly eating anything. (p.158, 9行目)

☐ **medical leave** 医療休暇

ex. In January 2011, he [=Jobs] took medical leave from Apple again, due to his bad health. (p.158, 10行目)

☐ **board meeting** 取締役会議, 重役会議

ex. At a board meeting on August 24, Jobs resigned. He chose Tim Cook to be the next CEO. (p.160, 10行目)

☐ **pass away** [句動詞] 亡くなる, 他界する

ex. We are deeply saddened to announce that Steve Jobs passed away today. (p.162, 1行目)

☐ **immeasurably** [副] 計り知れないほど, 非常に

ex. The world is immeasurably better because of Steve. (p.162, 4行目)

☐ **visionary** [名] 洞察力のある人, 先見性のある人

ex. Apple has lost a visionary and creative genius, and the world has lost an amazing human being. (p.162, 11行目)

TOEIC・ビジネスで役立つ表現

[IBC対訳ライブラリー]
英語で読むスティーブ・ジョブズ

2012年7月2日　第1刷発行
2012年9月3日　第2刷発行

著　者　　トム・クリスティアン

発行者　　浦　晋亮

発行所　　IBCパブリッシング株式会社
　　　　　〒162-0804 東京都新宿区中里町29番3号　菱秀神楽坂ビル9F
　　　　　Tel. 03-3513-4511　Fax. 03-3513-4512
　　　　　www.ibcpub.co.jp

印刷所　　株式会社シナノ

© IBC Publishing, Inc. 2012

Printed in Japan

落丁本・乱丁本は、小社宛にお送りください。送料小社負担にてお取り替えいたします。
本書の無断複写（コピー）は著作権法上での例外を除き禁じられています。

ISBN978-4-7946-0151-3